PALEO
eenvoudig en snel

Martin Kintrup
Foto's: Coco Lang

DELTAS

INHOUD

PALEOVOEDING

6 Oorsprongsvoeding
7 Het paleomenu

GEMAKSPRODUCTEN

8 Paleolevensmiddelen uit de supermarkt

GROT-ONTBIJT

12 De snelle 4 voor een energierijk ontbijt
14 Ontbijtrepen
16 4 x snelle smoothies
18 Geroosterde vruchtenmuesli
20 Paleopap met mango
22 Caprese met avocado en zalm
24 Hartig ontbijtbrood
26 4 x snelle spreads
28 Garnalenroerei met courgette

JAGERS

32 De snelle 4 voor vlees à la minute
34 Bladsla met steakreepjes
36 Gyros met koolsla
38 4 x snelle gehaktrecepten
40 Gehaktpizza
42 Rundersteak met kruidenolie
44 4 x superbijgerechten
46 Paprika-aardappelgoulash
48 Varkensvleescurry

VISSERS

52 De snelle 4 voor lekkere visgerechten
54 Tomaten met tonijnvulling
56 Asperges met gerookte zalm
58 4 x voedzame salades
60 Rode biet-mangosoep
62 Gestoomde vis met saffraan
64 4 x ovenvis met kruidenghee
66 Pannenkoeken met gerookte vis

NESTROVERS

- 70 De snelle 4 voor liefhebbers van gevogelte
- 72 Avocadosalade met sesamkip
- 74 Appel-selderijsalade met kip
- 76 Gember-spinaziesoep met kalkoenreepjes
- 78 4 x eieren snel bereid
- 80 Frittata met sperziebonen
- 82 Gevulde kipfilet
- 84 Kippenbouten met Marokkaanse zuurkool

VERZAMELAARS

- 88 De snelle 4 voor vegetariërs
- 90 Meloencarpaccio
- 92 Groene taboulé
- 94 Courgettepastasalade
- 96 4 x snelle dressings
- 98 Bloemkoolfalafel
- 100 Rode groentecurry
- 102 Bataatpuree met paddenstoelenpannetje
- 104 4 x dipsauzen bij ovengroente
- 106 Aubergines met wortelvulling

PALEODESSERTS

- 110 De snelle 4 voor zoet dessertgenot
- 112 Chia-bessendessert
- 114 Kokoscrème met passievrucht
- 116 4 x snel paleo-ijs
- 118 Gebakken appelringen
- 120 Chocoladecakejes met frambozen
- 122 Dadel-walnootballetjes

- 124 Register

INHOUD / 3

CULINAIRE TIJDREIS TERUG NAAR DE TOEKOMST

Paleo wordt een dagelijkse gewoonte! Met eenvoudige, supersnelle recepten helpen wij je in dit boek op weg in de keuken uit de steentijd! Zo kunnen eindelijk ook koks die niet veel tijd hebben profiteren van de voordelen van de hippe 'paleo lifestyle'.

En wat staat er dan op het menu? Grofweg: twee derde groente, fruit en kruiden en de rest bestaat uit vlees, vis en eieren. Daarnaast in kleinere hoeveelheden, maar wel regelmatig, noten en olierijke zaden. Ook het tweede basisprincipe van de paleokeuken blijven we trouw met onze 'snelle recepten', want granen, melkproducten en peulvruchten evenals geraffineerde suikers zijn uit den boze!

Bovendien voegen wij aan het geheel een nieuwe factor toe: gemak! Stress ligt in het dagelijks leven overal op de loer – met de paleorecepten in dit boek bestaat die echter niet! Daarvoor zorgt de gouden regel dat alle recepten in maximaal 30 minuten te bereiden zijn, vaak zelfs in 20 minuten of nog minder. Of ze garen na een korte voorbereiding nog enige tijd rustig na in de oven of de koekenpan. Dat vereist alleen een beetje geduld!

Voor die snelle paleokeuken gebruiken we een paar trucs! Op het boodschappenlijstje staan allerlei praktische producten die weinig voorbereiding vergen en het koken gemakkelijker maken. Heel belangrijk daarbij: er worden alleen producten gebruikt zonder kunstmatige toevoegingen zoals kleurstoffen en conserveringsmiddelen! Voor het dagelijkse gemak sluiten we wel een paar compromissen: ook industrieel bewerkte producten zonder voedingsadditieven en suiker krijgen van ons een kans.

Niet alleen het koken gaat snel en eenvoudig, ook de boodschappen ervoor in huis halen gaat heel vlot. Alle gebruikte producten zijn verkrijgbaar in een goed gesorteerde supermarkt. Als je consequent alleen biologische producten wilt gebruiken, dan kun je natuurlijk ook een kleine omweg maken naar de natuurvoedingswinkel. Dure of moeilijk verkrijgbare producten zoals kokosmeel of avocado-olie gebruiken we echter niet in dit boek!

De tijd die je bij het koken en boodschappen doen bespaart, kun je het beste besteden om je lichaam te activeren – met een wandeling, in de tuin werken, kracht- of duurtraining. Mensen in de steentijd waren namelijk de hele dag in beweging. Zij moesten jagen en vruchten verzamelen – en legden op die manier iedere dag grote afstanden af. Veel beweging is dus een essentiële factor van de 'paleo lifestyle'.

Je zult zien: met de voeding uit de steentijd voel je je niet alleen fitter en vitaler, er zullen ook vanzelf wat pondjes verdwijnen. En dat met recordtijden in de keuken!

PALEOVOEDING

OORSPRONGSVOEDING

De mensheid begon niet pas met de neolithische revolutie – de tijd dat de mens zich ging vestigen en begon met landbouw – ongeveer 10.000 jaar geleden. Mensen zwerven al twee tot drie miljoen jaren door de bossen en over de savannes op zoek naar voedsel.

Een groot evolutionair voordeel bleek daarbij het vermogen om zeer gevarieerd voedsel te verteren. De mens was een 'omnivoor'. De jager-verzamelaars uit de prehistorie konden hun honger stillen met vlees en vis, maar ook met oervormen van moderne groente- en fruitsoorten, noten en olierijke zaden.

Een groot deel van zijn 'evolutie' heeft de mens dus geleefd op een uitgesproken koolhydraatarm dieet, waarbij de energie grotendeels werd gehaald uit eiwitten en vetten in plaats van koolhydraten. Dat was precies de periode waarin de razendsnelle ontwikkeling tot de moderne mens plaatsvond.

Het is interessant dat vooral de mensen aan het begin van het neolithicum meer deficiëntieverschijnselen hadden. De focus van de voeding op granen en een paar veldgewassen garandeerde weliswaar een snelle energievoorziening in de vorm van veel koolhydraten, maar door de eenzijdige voeding verminderde de hoeveelheid andere voedingsstoffen. Daarvoor was deels fytinezuur verantwoordelijk dat in granen en zaden zit en de opname van de voedingsstoffen daaruit belemmert.

Ook tegenwoordig nog kunnen de nadelen van de moderne voeding, die focust op granen en suikerhoudende producten, worden aangetoond. De insulineschommelingen die daardoor worden veroorzaakt stimuleren aanvallen van lekkere trek en dragen bij aan het ontstaan van overgewicht. Sterk verhoogde insulineafgifte belast het lichaam, vooral de alvleesklier, en levert naast te weinig beweging een essentiële bijdrage aan 'welvaartsziekten' zoals diabetes mellitus.

De herontdekking van de bijna vergeten 'oorsprongsvoeding' met veel groente, vlees en vis, voedingsstofrijke eieren en gevogelte, gezonde oliën en vetten evenals, echter in geringere mate, fruit, noten en zaden – natuurlijke producten zonder kunstmatige toevoegingen en geraffineerde suikers – kan helpen om deze tekorten te compenseren. En dat wordt met dit boek eenvoudiger dan ooit! Probeer het maar!

Alle recepten zijn namelijk niet alleen eenvoudig en snel te bereiden, ze zijn ook mooi om naar te kijken en wekken de eetlust op – voor een goed lichaamsgevoel en absoluut zonder slecht geweten!

HET PALEOMENU

Groente: zijn de gezonde basis van de voeding uit de steentijd. U moet ervoor zorgen dat u die elke dag eet. Ongeveer twee derde van de totale hoeveelheid voeding moet bestaan uit een kleurrijke variatie groente.

Vlees en gevogelte: leveren energie en alle belangrijke voedingsstoffen. Voor paleovoeding zijn alle vleessoorten van dieren die in de wei zijn gehouden en dus natuurlijk voedsel konden eten het beste. Dat betreft bij ons vooral producten uit de biologische veehouderij, maar ook lam en wild.

Vis en zeevruchten: uitstekende leveranciers van eiwitten en rijk aan waardevolle omega 3-vetzuren, vetoplosbare vitamines, mineralen en sporenelementen. Kies ze alleen uit duurzame vangst of biologische aquacultuur.

Eieren: perfecte eiwitsamenstelling, bovendien rijk aan vitamines en voedingsstoffen. Gebruik ze in de paleovoeding beslist regelmatig, maar wel uitsluitend biologische eieren van kippen met vrije uitloop.

Fruit: fantastische vitamineleverancier! Helaas bevatten gekweekte fruitsoorten heel veel vruchtensuikers die het lichaam kunnen belasten. Eet ze daarom regelmatig maar niet in grotere hoeveelheden. Suikerarme soorten zoals bosvruchten, papaja en grapefruit hebben de voorkeur.

Olie en vetten: gebruik voor alle salades olie met een laag gehalte aan omega 6-vetzuren, bijvoorbeeld olijfolie. Gebruik notenolie slechts in kleine hoeveelheden. Hittebestendig en daardoor bijzonder geschikt om in te bakken zijn ghee (ayurvedische geklaarde boter) of gewone geklaarde boter, kokosolie en in beperkte mate olijfolie. Ghee bevat alleen nog het pure botervet en wordt daarom door mensen die een paleolevensstijl volgen zeer gewaardeerd. Kokosolie is bijzonder goed verteerbaar door het lichaam.

Noten en zaden: energie- en vitaminerijk maar vaak ook rijk aan fytinezuur en omega 6-vetzuren. Eet ze daarom regelmatig maar slechts in kleine hoeveelheden.

In ieder geval te vermijden zijn alle graan- en melkproducten, suiker en suikerhoudende producten en sterk bewerkte levensmiddelen met veel kunstmatige toevoegingen. Maar ook peulvruchten, met uitzondering van sperziebonen en sugarsnaps, omdat daarbij de volledige peulen worden gegeten en niet zozeer de fytinezuurbevattende zaden.

GEMAKSPRODUCTEN

PALEOLEVENSMIDDELEN UIT DE SUPERMARKT...

... maken het boodschappen doen gemakkelijk. Alles is in één winkel te vinden:

- op de groenteafdeling: paleovolgers zijn hier stamgasten en kopen alles lekker vers: groente, paddenstoelen, fruit en (tuin)kruiden, maar ook gekookte bietjes en gedroogde tomaten. Zo veel en zo kleurrijk mogelijk!

- in de diepvries: praktisch als diepvriesgroente zijn spinazie, sperziebonen en prei. Bosvruchten en kruidenmengsels zijn ook heel praktisch als je niet veel tijd hebt, en daarnaast ook visfilets en garnalen.

- op de versafdeling: de keuze voor paleo-eters is klein, hier staat alleen geklaarde boter. Eieren staan in de buurt. Meestal is er ook een schap met visproducten. Gerookte zalm, gerookte forelfilet en ingemaakte ansjovisfilet zijn favorieten.

Controleer bij voorgegaarde garnalen en rivierkreeftjes heel goed of ze geen ongewenste toevoegingen bevatten (zie ook blz. 53).

- op de vlees/visafdeling: gehakt, biefstuk, varkenslapje, kip- en kalkoenfilet en kippenbouten liggen hier in biologische kwaliteit. Het aanbod wordt vaak ook aangevuld met paleovriendelijke lamskoteletten en -filets en wild.

- in het kruidenschap: hier kan alles worden gebruikt wat geen ongewenste toevoegingen heeft. Ook lekkere toppers zoals saffraan, ras-el-hanout en komijn zijn hier te vinden.

- in het sappenschap: appel- en druivensap worden gebruikt om gerechten te zoeten. Limoen- en citroensap zijn populaire zuurmiddelen.

- **in het bakschap:** hier liggen amandelen, walnoten en sultanarozijnen. Ernaast is meestal een vak met allerlei pitten, zaden, noten en gedroogde vruchten.

- **in het bioschap:** levensmiddelen in dit schap vervangen alle standaardproducten die vanwege toevoegingen helaas niet kunnen worden gebruikt bij paleovoeding. Hier vind je ook mosterd en tomatensaus zonder toevoeging van suiker. Verder vind je hier ook balsamicoazijn, vruchtenchips, diverse pitten en zaden, verschillende soorten noten- en zadenpasta's en fruitpuree, kokosolie, chiazaad, havervlokken en ahornsiroop.

- **in het mediterrane en Aziatische delicatessenschap:** hier moet je de ingrediëntenlijst goed en aandachtig bekijken. Als je een beetje geluk hebt, vind je kokosmelk, kappertjes, groene olijven, currypasta en harissa zonder ongewenste toevoegingen.

- **in het conservenschap:** hier pakken paleo-eters alleen tonijn uit blik en tomatenpuree.

En als je graag in een **reformzaak** boodschappen doet: hier kun je paleoconforme donkere en witte balsamicoazijn zonder toevoegingen kopen. Daarnaast is er ghee in biologische kwaliteit, kokosolie, noten, zaden, pitten, gedroogde vruchten en cashewpasta en dergelijke verkrijgbaar. Ook zijn er vaak theesoorten, ongezoete amandelmelk, kokoswater, verschillende soorten vruchtenpuree, kokosmelk in praktische pakjes, havervlokken en wijnsteenbakpoeder te koop.

INLEIDING / 9

GROT-ONTBIJT

Paleopower – een goede dag begint 's ochtends

DE SNELLE 4 VOOR EEN ENERGIERIJK ONTBIJT

CHIAZAAD

Dit superfood is in opmars en daarom tegenwoordig ook te vinden in de supermarkt in het bioschap. Het is rijk aan mineralen, eiwitten, antioxidanten en vooral gezonde omega 3-vetzuren. De kleine zaadjes wellen heel sterk, krijgen dan een geleiachtige consistentie en hebben een positief effect op de spijsvertering. Chiazaad geeft net dat beetje extra aan geroosterde vruchtenmuesli (blz. 18). Maakt paleopap met mango (blz. 20) dikker. Bindt ontbijtbrood (blz. 24) en bloemkoolfalafel (blz. 98). Is als puddingachtige crème het belangrijkste ingrediënt van chia-bessendessert (blz. 112).
Tip: roer 1-2 theelepels chiazaad door je ontbijtdrankje, laat even wellen en geniet ervan.

AVOCADO

Zit vol gezonde vetten, mineralen, vetoplosbare vitamines en waardevolle secundaire plantenstoffen. Bijzonder aromatisch en nootachtig van smaak zijn de kleine, donkere vruchten van de soort 'Hass'. Gebruik altijd alleen rijpe vruchten met zacht vruchtvlees. Avocado geeft met banaan en munt als smoothie (blz. 16) echt power voor de dag. Hij is een hartig ontbijt bij zalm in een caprese (blz. 22), lekker als dip bij het bataat-paprikapannetje (blz. 38) of bij ovengroente (blz. 104). Avocado is heerlijk met tonijn als vulling van tomaten (blz. 54) en in salade met sesamkip (blz. 72). Ten slotte is avocado als ijs (blz. 116) ook een hit als dessert.
Tip: avocadodip met mierikswortel (blz. 104) past ook prima bij pannenkoeken met gerookte vis (blz. 66).

AMANDELEN, AMANDEL-PASTA EN AMANDELMELK

-->

Deze zijn rijk aan eiwitten, vitamines en mineralen, bevatten relatief veel omega 6-vetzuren en in mindere mate ook fytinezuur. Gebruik amandelen daarom regelmatig maar in kleinere hoeveelheden. Je kunt hele amandelen het beste met vel gebruiken en pasta en melk niet zoeten. Hele amandelen geven ontbijtrepen (blz. 14) en paleopap met mango (blz. 20) een extra portie energie. Ze zorgen voor een krokante bite bij sperziebonen met paddenstoelen (blz. 44) en dadel-walnootballetjes (blz. 122). Gemalen amandelen zijn een prima vervanging van meel in pannenkoeken (blz. 66) en chocoladecakejes (blz. 120). Amandelpasta is de romige basis voor aubergine-wortel-kerriespread (blz. 26) en choco-chai-amandelijs (blz. 117). Amandelmelk dient als emulgator in ei-ananas-mosterdspread (blz. 26). Kipfilet kan hierin aromatisch en zacht worden gepocheerd (blz. 74).

KOKOSMELK, -CHIPS, -OLIE EN -WATER

<--

Kokos is de alleskunner van de paleokeuken, omdat het vet van de kokosnoot bijzonder licht verteerbaar is en daardoor een snelle energieleverancier. Hij is bovendien veelzijdig bruikbaar: kokoschips zijn krokant, kokosmelk is romig, kokoswater is verfrissend en kokosolie is fantastisch om mee te bakken. Kokoschips geven ontbijtrepen (blz. 14), geroosterde vruchtenmuesli (blz. 18) en paleopap met mango (blz. 20) een krokante bite en een exotisch tintje. Kokosmelk is de romige basis voor mango-kokos-gembersmoothie (blz. 17), rode biet-mangosoep (blz. 60) of gember-spinaziesoep met kalkoenreepjes (blz. 76) en voor gerechten zoals gestoomde vis met saffraan (blz. 62) en rode groentecurry (blz. 100). Kokoswater maakt van aardbei-kokosijs (blz. 117) een caloriearme verfrissing.

GROT-ONTBIJT / 13

ONTBIJTREPEN

Fingerfoodontbijt om mee te nemen

VOOR 4 REPEN

40 g bananenchips
60 g dadels (zonder pit)
50 g kokoschips
50 g amandelen (met of zonder vel)
2 el appel-mangopuree (bv. Demeter)
1 tl bourbon vanillepoeder

BEREIDINGSTIJD: 10 MINUTEN
+ 2 UUR KOELEN
PER REEP: 230 KCAL / 4 G EIWIT /
15 G VET / 20 G KOOLHYDRATEN

1 Hak de bananenchips en dadels grof, doe ze met de overige ingrediënten in de keukenmachine of een hakmolentje en hak alles fijn.

2 Maak van de noten-vruchtenmassa vier even lange repen en eet die direct op of leg ze afgedekt 2 uur in de koelkast. De repen zijn in een luchtdicht afgesloten doos ten minste 1 week houdbaar.

TIP:
Zin in variatie? Vervang de bananenchips eens door dezelfde hoeveelheid appelchips of gedroogde mangostukjes en de amandelen door cashewnoten, hazelnoten, walnoten of pecannoten.

4 x SNELLE SMOOTHIES...

AVOCADO-BANAAN-MUNT

Voor 2 personen
Per portie: 380 kcal / 5 g E / 29 g V / 23 g KH

Snijd 1 **avocado** (Hass) doormidden en verwijder de pit. Schil de helften en snijd ze in grove stukken. Pel 1 **banaan** en snijd ook die in stukken. Spoel 2 takjes **munt** af, schud ze droog en trek de blaadjes van de steeltjes. Meng in een hoge mengkom de avocado, banaan en munt met 100 ml troebel **appelsap**, 100 ml **water**, 3 eetlepels **limoensap**, 2 **dadels** (zonder pit) en 20 g **amandelen** en pureer alles in de blender tot een gladde drank. Verdeel over twee glazen en serveer direct met een lepel erin.

FRAMBOZEN-DADEL-NOTEN

Voor 2 personen
Per portie: 340 kcal / 8 g E / 23 g V / 24 g KH

Meng in een hoge mengkom 300 ml **amandelmelk**, 30 g **amandel- of cashewpasta**, 150 g nog bevroren **diepvriesframbozen**, 3 **dadels** (zonder pit), 30 g gepelde **walnoten**, 1 eetlepel gebroken **lijnzaad**, 1 theelepel **bourbon vanillepoeder** en 1 eetlepel **citroensap** en pureer alles in de blender. Breng eventueel op smaak met 3-5 druppels **ahornsiroop**, verdeel over twee glazen en serveer met een lepel erin.

... die met veel vitamines en voedingsstoffen echt power geven voor de dag en zo het ontbijt perfect aanvullen of op drukke dagen, als er 's morgens weinig tijd is, zelfs helemaal kunnen vervangen.

VELDSLA–ANANAS–BASILICUM

Voor 2 personen
Per portie: 225 kcal / 3 g E / 12 g V / 26 g KH

Zoek 100 g mooie **veldsla** uit, was de blaadjes en schud ze droog. Trek de blaadjes van 4-5 takjes **basilicum**. Snijd 200 g **ananasvruchtvlees** in grove stukken. Rooster 2 eetlepels **pijnboompitjes** in een droge koekenpan lichtbruin en haal ze dan direct weer uit de pan. Doe alles in een hoge mengbeker, voeg 1 eetlepel **walnootolie** en 200 ml troebel **appelsap** toe en pureer in de blender. Verdeel over twee glazen en serveer direct.

MANGO–KOKOS–GEMBER

Voor 2 personen
Per portie: 265 kcal / 3 g E / 18 g V / 22 g KH

Snijd 300 g **mangovruchtvlees** in grove stukken. Schil 1 stuk **gember** (20 g) en snijd het fijn. Doe dit in een hoge mengbeker, voeg 200 ml **kokosmelk** en 2 eetlepels **limoensap** toe en pureer in de blender. Verdeel over twee glazen en serveer direct.

TIP:
De smoothie is ook heel lekker als je de helft van de mango vervangt door papaja of kanteloepmeloen.

GEROOSTERDE VRUCHTENMUESLI

Krokante energiekick op de vroege morgen

VOOR 8 PORTIES

- 50 g saladepittenmix
- 50 g geschaafde hazelnoten of amandelen
- 50 g lijnzaad
- 50 g chiazaad
- 70 g appelchips
- 50 g kokoschips
- 80 g bananenchips

BEREIDINGSTIJD: 10 MINUTEN
+ 10 MINUTEN AFKOELEN
PER PORTIE: 220 KCAL / 6 G EIWIT /
15 G VET / 15 G KOOLHYDRATEN

1 Rooster in een droge koekenpan de pittenmix, de geschaafde hazelnoten of amandelen, het lijnzaad en het chiazaad tot de lijnzaadjes openbarsten en het begint te geuren. Haal alles direct uit de pan en laat 10 minuten afkoelen.

2 Maak de appel-, kokos- en bananenchips eventueel iets kleiner. Meng ze met het noten-lijnzaadmengsel en doe alles in een luchtdicht afsluitbaar bakje. Het mueslimengsel is ten minste 1 maand houdbaar.

TIP:

Doe voor 1 portie verse muesli als ontbijt 100 g appelmoes (of puree van appel gemengd met andere vruchten) in een schaaltje en schep er 50 g vruchtenmuesli over. Was 50 g bosvruchten (bv. frambozen, bramen of bosbessen), laat ze uitlekken en verdeel ze over de muesli. Je kunt de vruchtenmuesli ook serveren met 150 ml ongezoete amandelmelk en bosvruchten.

PALEOPAP MET MANGO

Om op koude dagen de maag te verwarmen

VOOR 2 PERSONEN

200 ml kokosmelk
4 el gebroken lijnzaad
60 g gemalen hazelnoten of amandelen
1 el chiazaad
2 tl ahornsiroop
½ tl bourbon vanillepoeder
1 snufje zout
1 mango
2 tl limoensap
2 el geroosterde vruchtenmuesli (blz. 18) of kokoschips

BEREIDINGSTIJD: 15 MINUTEN
PER PORTIE: 555 KCAL / 13 G EIWIT / 43 G VET / 24 G KOOLHYDRATEN

1 Doe de kokosmelk, 200 ml water, het lijnzaad, de hazelnoten of amandelen, het chiazaad, de ahornsiroop, de vanille en het zout in een pan en breng alles aan de kook. Laat het op een matig vuur inkoken tot het lobbig wordt en roer regelmatig.

2 Schil de mango, snijd het vruchtvlees van de pit en snijd het in stukjes. Doe ze in een kom, voeg het limoensap toe en meng goed.

3 Verdeel de pap over twee schaaltjes of diepe borden. Schep de stukjes mango erop, strooi er muesli of kokoschips over en serveer.

TIP:
De pap is in plaats van met mango ook heerlijk met verschillende bosvruchten of met appel en peer – beide ook in kleine stukjes gesneden.
Serveer daarbij ook eens een lekkere chocoladedrank: verhit 50 ml kokosmelk, 200 ml ongezoete amandelmelk, 2 eetlepels cacaopoeder en ½ theelepel bourbon vanillepoeder. Zoet licht met honing of ahornsiroop en breng op smaak met een snufje zout.

CAPRESE MET AVOCADO EN ZALM

Mediterraans saladeontbijt

VOOR 2 PERSONEN

2 tomaten
1 avocado (Hass)
150 g gerookte zalm (in plakken)
4-5 takjes basilicum
2-3 el witte balsamicoazijn
1 el olijfolie
zout | peper

BEREIDINGSTIJD: 10 MINUTEN
PER PORTIE: 425 KCAL / 17 G EIWIT / 36 G VET / 5 G KOOLHYDRATEN

1 Was de tomaten en snijd ze in dunne plakjes. Verwijder daarbij de steelaanzet. Snijd de avocado doormidden en verwijder de pit. Schil de helften en snijd ze in de lengte in dunne plakken. Scheur de zalm in stukken ter grootte van een plakje tomaat. Trek de blaadjes van de takjes basilicum.

2 Leg op twee grote borden in twee rijen naast elkaar afwisselend en dakpansgewijs plakjes tomaat, avocado en zalm en leg er basilicumblaadjes tussen.

3 Druppel er azijn en olijfolie over en bestrooi met zout en peper. Strooi de rest van het basilicum erover en serveer de salade.

TIP:
Serveer er eventueel per persoon nog 1-2 plakken hartig ontbijtbrood (blz. 24) bij. En pel voor iedereen die 's morgens van extra pittig houdt een halve kleine rode ui of een sjalot, snijd die fijn en strooi over de *insalata caprese*.

HARTIG ONTBIJTBROOD

De redding voor liefhebbers van brood

VOOR 1 CAKEVORM (30 × 11 CM, 20 PLAKKEN)

- 1 el ghee + extra om de vorm in te vetten
- 100 g gemalen hazelnoten
- 50 g gebroken lijnzaad
- 70 g gemalen maanzaad
- 2 el chiazaad
- 2 tl wijnsteenbakpoeder
- 4 eieren
- ½ tl zout

VOORBEREIDING: 15 MINUTEN
+ 40 MINUTEN BAKKEN
+ 1 UUR AFKOELEN
PER SNEETJE: 85 KCAL / 4 G EIWIT / 7 G VET / 1 G KOOLHYDRATEN

1 Verwarm de oven voor op 200°C en vet de bakvorm in. Verwerk de hazelnoten, het lijnzaad, 50 g maanzaad, het chiazaad en het bakpoeder in de vijzel of in een hakmolentje tot een fijne pasta en doe die in een schaal.

2 Voeg de ghee, de eieren en het zout toe en meng alles goed met de handmixer. Laat het deeg 5 minuten wellen.

3 Doe het deeg dan in de bakvorm, strijk de bovenkant glad en strooi de rest van het maanzaad erover. Bak het brood 40 minuten in het midden van de oven.

4 Haal de vorm uit de oven, haal het brood eruit en laat afkoelen op een rooster. Het ontbijtbrood is heel lekker met bijvoorbeeld de hartige en zoete spreads op de volgende bladzijden.

TIP:
Dit ontbijtbrood is een basisrecept met een neutrale smaak. Je kunt er heel gemakkelijk mee variëren: meng bijvoorbeeld 2 eetlepels fijngehakte ui, 1 geperst teentje knoflook, 2 theelepels Provençaalse kruiden, 4 fijngesneden gedroogde tomaten of 2 theelepels broodkruiden door het deeg.

4 x SNELLE SPREADS...

AUBERGINE-WORTEL-KERRIE

Voor 8 porties
Per portie: 90 kcal / 2 g E / 7 g V / 4 g KH

Verwarm de oven voor op 200°C en leg een vel bakpapier op een bakplaat. Schil 150 g **wortels** en snijd ze in dikke plakken. Snijd 1 **aubergine** (250 g) in de lengte doormidden en snijd het vruchtvlees kruislings diep in. Leg de aubergine (met het snijvlak naar boven) en de wortels op de bakplaat en druppel er 1 eetlepel **olijfolie** over. Bak dit 30 minuten, haal dan uit de oven en laat afkoelen. Pel 2 teentjes **knoflook**, snijd ze grof. Schep het vruchtvlees uit de auberginehelften en doe het met de wortel en knoflook in een mengkom. Voeg 2 theelepels **dijonmosterd**, 2 theelepels **kerriepoeder**, 50 g **cashew- of amandelpasta**, 1 eetlepel gebroken **lijnzaad** en 1 eetlepel **limoensap** toe, breng op smaak met **zout** en **cayennepeper** en pureer tot een gladde crème. Zet het tot gebruik afgedekt in de koelkast. Houdbaarheid: ongeveer 3 dagen.

EI-ANANAS-MOSTERD

Voor 6 porties
Per portie: 195 kcal / 3 g E / 19 g V / 3 g KH

Doe 2 **eieren** in een pan, zorg dat ze net onder water staan, breng afgedekt aan de kook en laat de eieren dan nog 5 minuten koken. Laat ze schrikken en afkoelen in koud water. Doe in een hoge mengbeker 4 eetlepels ongezoete **amandelmelk**, 2 theelepels **dijonmosterd**, 2 theelepels **witte balsamicoazijn** (alles op kamertemperatuur) en een beetje **zout** en pureer met de staafmixer. Voeg eerst in druppels en dan in een dun straaltje 100 ml **walnootolie** toe en meng alles tot een stevige mayonaise. Pel de eieren en snijd ze in stukjes. Snijd 70 g **ananas** (uit blik) in stukjes. Maak 2 **lente-uitjes** schoon, was ze, snijd ze in dunne ringen. Roer dit alles met 1 eetlepel **grove mosterd** door de mayonaise en breng op smaak met zout, **peper** en witte balsamicoazijn. Zet de spread tot gebruik afgedekt in de koelkast. Houdbaarheid: ongeveer 2 dagen.

... die perfect passen bij het ontbijtbrood (blz. 24). De drie hartige spreads vormen echter ook in combinatie met reepjes wortel, komkommer en paprika een heerlijk ontbijt of een gezonde snack voor tussendoor.

POMPOEN-FOREL-DILLE

Voor 8 porties
Per portie: 40 kcal / 2 g E / 3 g V / 1 g KH

Snijd 150 g **pompoenvruchtvlees** in stukjes. Bak ze in een koekenpan in 1 eetlepel **olijfolie** lichtbruin. Voeg 150 ml **water** toe en laat dit afgedekt ongeveer 5 minuten zachtjes koken. Breng op smaak met **kruidenzout**, laat alles zonder deksel verder koken tot het vocht volledig is verdampt en de pompoen beetgaar is. Haal de stukjes pompoen uit de koekenpan, laat ze afkoelen en doe ze in een mengbeker. Voeg 1 gerookte **forelfilet** (65 g), 1 theelepel **grove mosterd**, 1 theelepel versgeraspte **mierikswortel**, 2 theelepels fijngehakte **dille** en ½ eetlepel **witte balsamicoazijn** toe en pureer dit grof zodat er nog stukjes pompoen zichtbaar zijn. Roer er 1 eetlepel **walnootolie** door en breng op smaak met kruidenzout, **peper** en witte balsamicoazijn. Zet de spread tot gebruik afgedekt in de koelkast. Houdbaarheid: ongeveer 2 dagen.

CHOCOLADE-BANAAN-CASHEW

Voor 6 porties
Per portie: 115 kcal / 4 g E / 7 g V / 10 g KH

Hak 30 g **cashewnoten** grof en rooster ze in een droge koekenpan lichtbruin. Haal ze dan uit de pan. Pel 1 **banaan**, snijd in plakjes en doe die in een mengbeker. Voeg 50 g **cashewpasta**, 1 eetlepel **ahornsiroop**, 1 tl **bourbon vanillepoeder**, 1 snufje **zout** en 3 eetlepels **cacaopoeder** toe en pureer dit tot een gladde crème. Roer de geroosterde cashewnoten erdoor en zet de 'chocopasta' tot gebruik in de koelkast. Houdbaarheid: ongeveer 2 dagen.

TIP:
Dip voor een lekkere kleine snack tussendoor eens een paar partjes appel in de zoete crème en snoep die lekker op.

GARNALENROEREI MET COURGETTE

Ontbijt om van te genieten met extra eiwit

VOOR 2 PERSONEN

- 250 g diepvriesgarnalen (gepeld)
- 1 courgette
- 4 gedroogde tomaten
- 4 eieren
- 1 tl kerriepoeder
- 100 ml ongezoete amandelmelk
- kruidenzout
- 2 tl ghee (of kokosolie)
- ½ ui, fijngehakt
- 1 el limoensap
- peper

BEREIDINGSTIJD: 20 MINUTEN
PER PORTIE: 330 KCAL / 29 G EIWIT / 20 G VET / 6 G KOOLHYDRATEN

1 Laat de garnalen een beetje ontdooien. Was de courgette en snijd hem in stukjes. Snijd de tomaten in dunne reepjes. Kluts de eieren met het kerriepoeder en de amandelmelk en voeg kruidenzout toe. Was de garnalen, dep ze droog en snijd ze dan in stukjes.

2 Verhit de ghee in een koekenpan en bak hierin de fijngehakte ui aan. Voeg de courgette en garnalen toe en bak ze 3 minuten mee. Blus af met het limoensap en laat dat verdampen. Roer de tomaten erdoor en voeg een klein beetje zout en peper toe.

3 Voeg het geklutste eimengsel toe en laat het een beetje stollen. Schraap het dan met een spatel steeds weer van de bodem van de pan tot de eimassa net is gestold. Breng het roerei op smaak met kruidenzout en peper, verdeel het over twee borden en serveer.

TIP:
Je kunt bij het garnalenroerei eventueel een paar plakken ontbijtbrood (blz. 24) serveren.

JAGERS

Vlees – gemakkelijke prooi uit de supermarkt

DE SNELLE 4 VOOR VLEES À LA MINUTE

CASHEWNOTEN EN CASHEWPASTA

Cashewnoten zijn net zoals amandelen rijk aan eiwitten, mineralen en vitamines. Ze bevatten weliswaar vergelijkbare hoeveelheden fytinezuur, maar minder omega 6-vetzuren. Gebruik alleen onbewerkte noten. Cashewpasta heeft een fijne romige consistentie en een milde smaak. De noten geven varkensvleescurry (blz. 48) een lekkere bite. Met de pasta worden de 'roomsauzen' bij paksoi met cashewroomsaus (blz. 45) en eieren in mosterdsaus (blz. 79) gemaakt. Met banaan is cashewpasta een zoet dream-team als paleo-chocoladepasta (blz. 27) en ijs (blz. 116).
Tip: bereid zachte visfilet 'paleolaise' (blz. 64) met cashewnoten in plaats van hazelnoten.

DIEPVRIES EN KOELVAK: SMAAKMAKERS

Je vindt in de diepvries of het koelvak kleine smaakmakers, ook in biologische kwaliteit. Kant-en-klare, fijngehakte uien zijn perfect voor alle gekookte gerechten. Kant-en-klare fijngesneden soepgroente geeft kokos-preisoep (blz. 39) en paprika-aardappelgoulash (blz. 46) een basissmaak. Italiaanse diepvrieskruiden geven gehaktpizza (blz. 40), sperziebonen met paddenstoelen (blz. 44) en warme ratatouillesalade (blz. 45) een mediterraan tintje. Een tuinkruidenmix uit de diepvries aromatiseert kruidenghee voor allerlei visgerechten (blz. 64/65).
Tip: zorg er bij aankoop voor dat de producten bevroren blijven: neem een koelelement mee.

BIEFSTUK, VARKENSLAPJES EN LAMSKOTELETTEN

--->

Deze stukken vlees hebben weinig bindweefsel en zijn al mals na kort bakken of grillen. Let er bij lamsvlees op dat het dier in de wei is gehouden, gebruik verder alleen biologisch vlees. Biefstuk prikkelt met peper gekruid en in reepjes gesneden de smaakpapillen in bladsla met steakreepjes (blz. 34) en in één stuk gearomatiseerd met kruidenolie (blz. 42). Met varkenslapjes maak je mediterrane gyros met koolsla (blz. 36) en fruitige varkensvleescurry (blz. 48). Lamskoteletten passen heel goed bij sperziebonen met paddenstoelen, komkommer-uiensalsa, warme ratatouillesalade en paksoi met cashewroomsaus (alles blz. 44/45).

Tip: kijk ook eens op de weekmarkt of in de biowinkel – daar vind je een grotere keuze in goed vlees van biologische kwaliteit!

GEHAKT

<---

Gehakt is perfect voor paleo-eters met weinig tijd of zin om te koken. Gebruik uitsluitend biologisch gehakt van dieren die in de wei zijn gehouden. Verwerk het altijd zo snel mogelijk. Gehakt doet het erg goed als paleoburger (blz. 38), tomaten-saliebolletjes (blz. 39) en gehaktpizza (blz. 40). Met avocadodip is gehakt echt soulfood in een bataat-paprikapannetje (blz. 38). Vertrouwd en toch heel nieuw is gehakt in kokos-preisoep (blz. 39).

Tip: serveer in plaats van de kippenbouten eens oriëntaalse gehaktballetjes bij Marokkaanse zuurkool (blz. 84). Bereid daarvoor de marinade met slechts 1 theelepel olijfolie en kneed hem door 250 g rundergehakt. Maak daarvan 10 gehaktballetjes, bak die rondom bruin en serveer ze met de zuurkool.

JAGERS / 33

BLADSLA MET STEAKREEPJES

Must-eat voor liefhebbers van peper

VOOR 2 PERSONEN

- 100-125 g cantharellen
- 2 lente-uitjes
- 2 tl 4-seizoenenpeper (gemengde peperkorrels)
- 2 el balsamicoazijn
- 1 tl dijonmosterd
- 3 el olijfolie
- zout | peper
- 1 tl ahornsiroop
- 150 g gemengde bladsla met rucola (kant-en-klaar)
- 200 g biefstuk

BEREIDINGSTIJD: 20 MINUTEN
PER PORTIE: 360 KCAL / 21 G EIWIT / 28 G VET / 6 G KOOLHYDRATEN

1 Borstel de paddenstoelen schoon. Snijd grote exemplaren doormidden of in dikke plakken. Maak de lente-uitjes schoon, was ze en snijd ze in dunne ringetjes. Stamp de peperkorrels grof in de vijzel.

2 Voor de dressing: meng in een slakom de azijn, mosterd en 2 eetlepels olijfolie, meng goed en breng op smaak met zout, peper en ahornsiroop. Voeg de bladsla toe, meng goed en verdeel dit over twee borden.

3 Snijd de biefstuk schuin in smalle reepjes. Verhit de rest van de olie in een grote koekenpan, bak hierin de steakreepjes en paddenstoelen (ieder in een helft van de pan, niet mengen) 1 minuut stevig aan. Strooi de helft van de gekleurde peperkorrels over het vlees, draai de reepjes om en strooi de rest van de peper erover. Bak het vlees en de paddenstoelen nog 1 minuut. Strooi zout over het vlees en verdeel het over de sla.

4 Doe de lente-uitjes bij de paddenstoelen en laat ze nog even meebakken. Breng op smaak met zout en verdeel ook dit over de sla.

TIP:
Gebruik buiten het cantharellenseizoen gewone champignons of kastanjechampignons voor de salade.

GYROS MET KOOLSLA

Streetfood uit de steentijd

VOOR 2 PERSONEN

- 300 g varkenslapjes
- 1½ teentje knoflook
- 1 tl komijnpoeder
- 2 tl gedroogde oregano
- 3 el olijfolie
- 250 g spitskool
- 2½ el witte balsamicoazijn
- 1 el limoensap
- 1-2 el fijngehakte dille (naar smaak)
- zout | peper
- 1 tomaat
- 100 g komkommer

BEREIDINGSTIJD: 25 MINUTEN
PER PORTIE: 390 KCAL / 36 G EIWIT / 23 G VET / 8 G KOOLHYDRATEN

1 Snijd het vlees in dunne reepjes en doe ze in een kom. Pel de teentjes knoflook en pers 1 teentje uit over het vlees. Voeg de komijn, oregano en ½ eetlepel olie toe en meng alles goed.

2 Was de kool en snijd in dunne reepjes. Doe de reepjes in een kom en pers de rest van de knoflook erboven uit. Voeg 2 eetlepels witte balsamicoazijn, het limoensap, 1 eetlepel olie en dille toe. Breng op smaak en meng alles.

3 Was de tomaat en snijd hem in stukjes. Was de komkommer en snijd ook die in blokjes. Doe beide in een kom, voeg de rest van de balsamicoazijn en ½ eetlepel olie toe, meng goed en strooi er zout en peper over.

4 Verhit de rest van de olie in een koekenpan en bak hierin het vlees in 3-4 minuten goudbruin. Bestrooi met zout en peper.

5 Verdeel de koolsla over twee borden, schep het tomaten-komkommermengsel ernaast. Strooi het vlees over de salade en serveer.

TIP:
Deze snelle gyros is ook heel lekker met reepjes kalfslapje, lamsfilet of everzwijnsteak.

4 x SNELLE GEHAKTRECEPTEN...

PALEOBURGER

Voor 2 personen
Per portie: 285 kcal / 25 g E / 18 g V / 5 g KH

Voor de saus: meng in een kom 2 eetlepels **tomatenpuree**, 1½ eetlepel **appelsap** en ½ eetlepel **witte balsamicoazijn** en meng goed. Voeg **zout** en **peper** toe. Was 1 **tomaat** en snijd hem in dunne plakjes. Pel 1 **ui** en schil 50 g **komkommer** en snijd ze in dunne ringen respectievelijk plakken. Doe 200 g **rundergehakt** in een kom, voeg 2 eetlepels **Italiaanse diepvrieskruiden**, zout en peper toe, en meng goed. Verdeel het mengsel in vier porties en maak daarvan zeer platte burgers. Verhit 1 theelepel **ghee** (of kokosolie) in een koekenpan en bak hierin de burgers aan beide kanten in 4 minuten krokant bruin. Bak de ui na het omdraaien van de burgers mee. Leg twee burgers op twee borden, bestrijk elke burger met 1 theelepel **grove mosterd** en schep er 1 theelepel saus op. Leg er dan 1 handvol **gemengde bladsla**, 2-3 plakjes tomaat en komkommer en uiringen op. Druppel er nog wat saus over en leg de resterende burgers erop.

BATAAT-PAPRIKAPANNETJE

Voor 2 personen
Per portie: 845 kcal / 30 g E / 60 g V / 43 g KH

Voor de dip: snijd 1 **avocado** (Hass) doormidden, verwijder de pit, schil de vrucht en doe het vruchtvlees in een kom. Voeg 2 eetlepels **limoensap** toe en prak dit met een vork tot een glad mengsel. Breng op smaak met **kruidenzout**. Schil 300 g **zoete aardappelen** (bataat) en snijd die in dunne reepjes. Maak 1 rode **paprika** schoon, was hem en snijd fijn. Haal de blaadjes van 8-10 takjes **basilicum**. Was 250 g **kerstomaten**. Verhit 2 eetlepels **olijfolie** in een koekenpan en bak hierin de zoete aardappelreepjes op een matig vuur aan. Voeg 250 g **gemengd gehakt** en paprika toe en bak tot het gehakt rul is. Voeg tomaten en ½ theelepel **komijnpoeder** toe, meng alles goed en blus af met 150 ml troebel **appelsap**. Laat die zonder deksel inkoken. Meng het basilicum erdoor en breng op smaak met kruidenzout, **peper** en **cayennepeper**. Schep het bataat-paprikapannetje op borden en serveer de dip ernaast.

... die vernieuwing en variatie op tafel brengen en kinderlijk eenvoudig te bereiden zijn.

TOMATEN-SALIEBALLETJES

Voor 2 personen
Per portie: 445 kcal / 35 g E / 32 g V / 3 g KH

Snijd 30 g **gedroogde tomaten** in dunne reepjes. Spoel 3-4 takjes **salie** af en schud ze droog. Hak de blaadjes grof. Pel 1 teentje **knoflook**. Doe alles in een blender of hakmolentje, voeg 2 theelepels **kappertjes** en 2 eetlepels gemalen **amandelen** toe en hak dit fijn. Doe dit kruidenmengsel met 1 **ei** bij 250 g **gehakt** (gemengd of rund) en kneed alles stevig door elkaar. Breng het gehaktmengsel met **kruidenzout** en **peper** op smaak, verdeel in 10 porties en vorm daar balletjes van. Verhit 1 theelepel **ghee** (of kokosolie) in een koekenpan en bak hierin de gehaktballetjes op een matig vuur rondom in 8 minuten krokant. Laat ze uitlekken op keukenpapier.

DIT PAST ER GOED BIJ:
Koolsla (blz. 36), komkommer-uiensalsa (blz. 44), courgettepastasalade (blz. 94) of avocado-mierikswortel dip (blz. 104).

KOKOS-PREISOEP

Voor 2 personen
Per portie: 565 kcal / 37 g E / 38 g V / 18 g KH

Schil 1 bloemig kokende **aardappel** (100 g), was hem en rasp fijn. Maak 1 **prei** schoon, snijd in dunne ringetjes, was die en laat uitlekken (of gebruik 250 g gesneden diepvriesprei). Verhit 1 theelepel **ghee** (of kokosolie) in een pan en bak hierin 250 g **gehakt** (gemengd of rund) aan. Voeg de prei, de aardappel, 75 g **diepvriessoepgroente** en ½ **ui** (fijngehakt) toe en bak alles 3 minuten. Blus af met 1 eetlepel **witte balsamicoazijn**. Doe 300 ml heet **water**, 200 ml **kokosmelk** in een kom en breng dit op smaak met **kruidenzout**. Giet dit mengsel bij het gehaktmengsel en breng het aan de kook. Laat het afgedekt op een laag vuur ongeveer 10 minuten zachtjes koken. Roer er 1 eetlepel **gistvlokken** door en breng de soep op smaak met kruidenzout, **peper**, versgeraspte **nootmuskaat** en witte balsamicoazijn. Schep de soep in diepe borden en serveer.

GEHAKTPIZZA

Italiaanse klassieker op tijdreis

VOOR 2 PERSONEN

400 g gemengd gehakt
2 el tomatenpuree
3 el Italiaanse diepvrieskruiden
80 ml druivensap
1 teentje knoflook
zout | peper
1 rode ui
1 tomaat
1 kleine courgette
2 champignons (of kastanjechampignons)
10 groene olijven (zonder pit)
50 g gemengde bladsla met rucola (kant-en-klaar)

VOORBEREIDING: 20 MINUTEN
+ 30 MINUTEN BAKKEN
PER PORTIE: 630 KCAL / 44 G EIWIT / 45 G VET / 12 G KOOLHYDRATEN

1 Verwarm de oven voor op 200°C. Leg twee vellen aluminiumfolie op een bakplaat en vorm rondom een kleine rand. Verdeel het gehakt in twee porties en vorm daarvan op de folie platte cirkels (20 cm ø).

2 Voor de saus: meng in een kom de tomatenpuree, de Italiaanse kruiden en het druivensap. Pel het teentje knoflook en pers het erboven uit. Breng krachtig op smaak met zout en peper. Verdeel de saus gelijkmatig over het gehakt.

3 Pel de ui en snijd in kleine stukjes. Was de tomaat en snijd in dunne plakjes, verwijder daarbij de steelaanzet. Was de courgette, maak de champignons schoon en snijd beide ook in dunne plakken. Snijd de olijven in dikke plakjes.

4 Verdeel ui, tomaat, courgette, paddenstoelen en olijven over de gehaktschijven en bak de pizza's 25-30 minuten midden in de hete oven.

5 Leg de pizza's op borden, strooi er sla over en serveer.

TIP:
Andere, heerlijke pizzatoppings zijn jonge bladspinazie, dunne paprikareepjes, kappertjes en ansjovisfilets (in olie).

RUNDERSTEAK MET KRUIDENOLIE
Lekkere lentebode

VOOR 2 PERSONEN

- 250 g kleine vastkokende aardappelen
- 50 g gemengde kruiden (bv. bieslook, peterselie, rucola...)
- 1 teentje knoflook
- 50 ml olijfolie
- ½-1 el citroensap
- zout | peper
- 1 bosje lente-uitjes
- 2 tl ghee (of kokosolie)
- 2 entrecotes (elk 250 g)

BEREIDINGSTIJD: 30 MINUTEN
PER PORTIE: 760 KCAL / 55 G EIWIT / 51 G VET / 22 G KOOLHYDRATEN

1 Leg aluminiumfolie op een bakplaat en schuif die midden in de oven. Verwarm de oven voor op 120°C. Was de aardappelen, doe ze in een pan en voeg zoveel gezouten water toe dat ze net onderstaan. Breng dit aan de kook en laat ze op een laag vuur ongeveer 20 minuten gaar koken.

2 Voor de kruidenolie: was de kruiden en schud ze droog. Verwijder de steeltjes, snijd de blaadjes in reepjes en doe ze in een mengbeker. Voeg de olijfolie en het uitgeperste teentje knoflook toe en pureer dit glad. Breng op smaak met het citroensap, zout en peper.

3 Maak de lente-uitjes schoon en was ze, maar snijd ze niet in stukken. Verhit in een koekenpan de ghee en bak hierin de entrecotes aan iedere kant 1 minuut stevig aan. Leg ze dan op de bakplaat en laat ze in de oven afhankelijk van de gewenste gaarheid (4 minuten voor saignant of rare, 8 minuten voor medium of à point, 10 minuten voor goed doorbakken of well done).

4 Giet de aardappelen af en laat ze uitdampen. Bak de lente-uitjes in dezelfde koekenpan even aan beide kanten aan. Haal de pan dan van het vuur. Haal het vlees uit de oven, bedek het met aluminiumfolie en laat het even rusten.

5 Snijd de aardappelen doormidden en strooi er zout over. Verdeel de lente-uitjes over twee borden en schep de aardappelen eromheen. Strooi zout en peper op de steaks en leg ze op de uitjes. Druppel er de kruidenolie over.

4 x SUPERBIJGERECHTEN...

SPERZIEBONEN MET PADDENSTOELEN

Voor 2 personen
Per portie: 240 kcal / 8 g E / 17 g V / 11 g KH

Breng 200-250 g **diepvriessperziebonen** in een pan met gezouten **water** aan de kook en laat ze op een matig vuur in 6 minuten beetgaar worden. Maak 200 g **oesterzwammen** schoon en snijd ze in brede repen. Snijd 8 **gedroogde tomaten** in dunne reepjes. Pel 1 teentje **knoflook** en snijd fijn. Giet de beetgare bonen af in een zeef, spoel ze af met koud water en laat ze goed uitlekken. Verhit 2 eetlepels **olijfolie** in een koekenpan en bak hierin ½ **ui** (fijngehakt) en de oesterzwammen aan. Voeg de sperziebonen, tomaten, knoflook, 2 eetlepels **Italiaanse diepvrieskruiden** en 2 eetlepels **amandelen** toe en laat dit 2-3 minuten meebakken. Blus af met 2 eetlepels **witte balsamicoazijn** en laat het even inkoken. Breng op smaak met **zout** en **peper** en serveer.

KOMKOMMER-UIENSALSA

Voor 2 personen
Per portie: 205 kcal / 4 g E / 16 g V / 8 g KH

Was 1 kleine **komkommer**, snijd in de lengte in vieren en dan in dikke plakken. Pel 1 kleine rode **ui**, snijd in vieren en dan in brede repen. Verwijder de pitjes uit 1 kleine, rode **chilipeper**, was hem en snijd fijn. Meng in een kom alle voorbereide ingrediënten, voeg 2 eetlepels geroosterde **sesamzaadjes**, 2 eetlepels **limoensap**, 2 eetlepels **witte balsamicoazijn** en 2 eetlepels **sesamolie** toe en meng goed. Breng de salsa op smaak met **zout** en laat ongeveer 5 minuten intrekken. Spoel 4-5 **kruidentakjes** (bv. munt en koriander) af en schud ze droog. Trek de blaadjes van de takjes en scheur ze eventueel nog iets kleiner. Meng de kruiden door de salsa en laat die voor het serveren nog even kort intrekken.

... bij medaillons en lapjes van kalf en varken of bij lamskoteletten: braad ze in een grillpan in 1 theelepel ghee of kokosolie op een hoog vuur aan, voeg wat knoflook en rozemarijn toe, draai ze om na 2-3 minuten en bak ze in nog 2-3 minuten gaar. Zout, peper, klaar.

WARME RATATOUILLESALADE

Voor 2 personen
Per portie: 305 kcal / 7 g E / 20 g V / 21 g KH

Maak 1 gele **paprika**, 150 g **aubergine** en 150 g **courgette** schoon, was ze en snijd in kleine stukjes. Was 125 g **kerstomaatjes**. Pel 1 teentje **knoflook** en snijd fijn. Rooster 3 eetlepels **pijnboompitjes** in een droge koekenpan lichtbruin en haal ze uit de pan. Verhit 2 eetlepels **olijfolie** in de koekenpan en bak hierin de aubergine aan, voeg de paprika en courgette toe en bak die 4 minuten mee. Voeg de tomaten, ½ **ui** (fijngehakt) en knoflook toe en bak alles nog 3 minuten. Blus af met 70 ml **appelsap** en laat inkoken. Roer er 1 eetlepel **Italiaanse diepvrieskruiden** en 2 eetlepels **balsamicoazijn** door en laat dit even intrekken. Strooi er **zout** en **peper** over en meng de pijnboompitjes erdoor. Leg naar keuze 1 handvol **gemengde bladsla** op ieder bord en schep de warme salade erbovenop.

PAKSOI MET CASHEWROOMSAUS

Voor 2 personen
Per portie: 315 kcal / 10 g E / 21 g V / 22 g KH

Maak 600 g **paksoi** schoon, was de bladeren en schud droog. Snijd de stelen in stukjes en scheur de bladeren eventueel iets kleiner. Schil 1 stuk **gember** (20 g) en snijd fijn. Roer 2 eetlepels **cashewpasta**, 3 eetlepels **appelsap** en 1 eetlepel **limoensap** tot een glad mengsel. Pel 1 teentje **knoflook** en pers het erboven uit. Voeg **zout** toe. Verhit 2 theelepels **ghee** (of kokosolie) in een koekenpan en bak hierin de gember, 50 g **cashewnoten** en ½ **ui** (fijngehakt) aan. Voeg de paksoistelen toe en bak die 2 minuten mee, blus dan af met 1 eetlepel **witte balsamicoazijn**. Roerbak de bladeren ongeveer 2 minuten mee in de koekenpan, voeg de cashewroom toe en laat die een beetje inkoken. Breng op smaak met zout, **peper**, **cayennepeper** en nog wat limoensap.

PAPRIKA-AARDAPPELGOULASH

Eenpansklassieker voor mensen met geduld

VOOR 2 PERSONEN

- 400 g uien
- 2 tl ghee (of kokosolie)
- 450 g goulashvlees (rund)
- 3 tl goulashkruiden (of stoofvleeskruiden)
- 1 el tomatenpuree
- 75 g diepvriessoepgroente
- kruidenzout
- 100 ml druivensap
- 1 rode paprika
- 200 g vastkokende aardappelen
- 1 teentje knoflook
- 2 tl paprikapoeder
- peper
- 1-2 el balsamicoazijn

VOORBEREIDING: 20 MINUTEN
+ 2 1/2 UUR GAARTIJD
PER PORTIE: 585 KCAL / 51 G EIWIT / 24 G VET / 38 G KOOLHYDRATEN

1 Pel de uien en snijd ze in grove stukken. Verhit de ghee in een grote braadpan en braad hierin het rundvlees rondom bruin aan. Voeg de uien toe en bak ze mee.

2 Voeg de goulashkruiden met de tomatenpuree en soepgroente toe aan het vlees-uimengsel. Bak alles kort. Doe bij een halve liter heet water wat kruidenzout en giet het samen met het druivensap in de braadpan. Laat de goulash afgedekt op een laag vuur 2 uur sudderen.

3 Maak de paprika schoon, was hem en snijd fijn. Schil de aardappelen, was ze en snijd in de lengte in vieren en dan in niet te dunne plakken. Pel het teentje knoflook en snijd fijn. Voeg alles inclusief het paprikapoeder bij de goulash en laat die in nog eens 30 minuten gaar smoren.

4 Breng het gerecht op smaak met de peper en de azijn en serveer.

TIP:
Ook van herten- en reevlees kun je deze goulash bereiden. Voeg dan in stap 2 slechts 250 ml water toe en laat de goulash slechts 45 minuten garen voordat de aardappelen en paprika in stap 3 worden toegevoegd.

VARKENSVLEESCURRY

Fruitig, pittig en exotisch

VOOR 2 PERSONEN

- 1 teentje knoflook
- ½ kleine rode chilipeper
- 100 g appel-mangopuree
- 100 g ananasstukjes + 100 ml ananassap (uit blik)
- 2-3 tl kerriepoeder
- 1 tl gemberpoeder
- zout
- 400-500 g gemengde groente (bv. paprika, courgette, prei en rode ui)
- 200 g varkenslapjes
- 2 el olijfolie
- 30 g cashewnoten
- 1 el limoensap

BEREIDINGSTIJD: 25 MINUTEN
PER PORTIE: 460 KCAL / 29 G EIWIT / 23 G VET / 33 G KOOLHYDRATEN

1 Voor de saus: pel het teentje knoflook en snijd het grof. Verwijder de zaadjes uit de chilipeper, was hem en snijd ook grof. Doe beide in een kom, voeg de fruitpuree, het ananassap, 50 ml water, 2 theelepels kerriepoeder, het gemberpoeder en zout toe en meng goed.

2 Was de groente, maak ze schoon of schil ze en snijd ze in hapklare stukken. Snijd het vlees schuin in dunne reepjes.

3 Verhit de olijfolie in een koekenpan en bak hierin de groente 2 minuten aan. Voeg het vlees en de cashewnoten toe en bak ze even mee. Voeg de stukjes ananas en de saus toe, breng alles aan de kook en laat de curry afgedekt op een matig vuur 4-5 minuten koken.

4 Laat de varkensvleescurry daarna nog 4-5 minuten zonder deksel koken. Breng op smaak met zout, eventueel nog wat kerriepoeder en het limoensap en serveer.

TIP:
Andere geschikte groentesoorten voor curry zijn hapklare stukken aubergine, zoete aardappel en hokkaidopompoen of roosjes bloemkool of broccoli.

48 / JAGERS

VISSERS

In het net gezwommen – visfilets, garnalen & co zijn altijd een goede vangst

DE SNELLE 4 VOOR LEKKERE VISGERECHTEN

GHEE EN KOKOSOLIE

Ghee is de Indiase versie van geklaarde boter uit de ayurvedische traditie. Geklaarde boter is boter waarin geen melksuiker of eiwit meer zit, maar alleen nog het pure botervet. Hij kan sterk worden verhit en is perfect om mee te bakken. Hij is in biologische kwaliteit verkrijgbaar in reformzaken en zeer lang houdbaar, ook niet gekoeld. Een plantaardig alternatief is biologische kokosolie die op kamertemperatuur hard is. Ghee geeft vis bij het bakken een lichte botersmaak en is ook perfect voor het bakken van vlees en groente. Als kruidenghee (blz. 64/65) geeft het een krachtig aroma aan gegrilde zalmcarpaccio, visfilet 'paleolaise', scholfiletrolletjes en ovenforel. Kruidenghee is ook geschikt voor het aromatiseren van gebakken of gestoomde groente en als smeersel voor ontbijtbrood (blz. 24).

KERRIEPOEDER EN -PASTA

Met kerrie kun je op een eenvoudige manier een exotische smaak aan gerechten geven. Het gele poeder en de rode pasta bevatten geen toevoegingen en zijn conform de paleonormen. Het poeder is mild en de pasta heel scherp van smaak. Rode kerriepasta ondersteunt saffraan in de saus bij gestoomde vis (blz. 62) en speelt een hoofdrol in rode groentecurry (blz. 100). Zelfgemaakte gele kerriepasta wordt gebruikt in gember-spinaziesoep (blz. 76). Kerriepoeder is de belangrijkste specerij in aubergine-wortelspread (blz. 26), varkensvleescurry (blz. 48) en rode biet-mangosoep (blz. 60).

GARNALEN EN RIVIERKREEFTJES

-->

Perfect voor alle paleo-eters die graag snel iets op tafel toveren – echte eiwitbommetjes met weinig calorieën, snel klaar en megalekker. Koop uitsluitend garnalen die duurzaam zijn gevangen of biologisch zijn gekweekt. Let er bij voorgegaarde garnalen en rivierkreeftjes uit het koelvak op dat ze hooguit met azijn- en melkzuur zijn geconserveerd en geen ongewenste toevoegingen bevatten. Diepvriesgarnalen verfijnen ananas-tomatensalade (blz. 59) en kunnen over rode biet-mangosoep (blz. 60) worden gestrooid. Garnalen zijn heerlijk bij het ontbijt in roerei met courgette (blz. 28). Rivierkreeftjes verfijnen de saus bij gestoomde vis met saffraan (blz. 62).

DIEPVRIESVIS

<--

Vis is meestal praktisch in porties verpakt als diepgevroren filet. Diepvriesvis is rijk aan eiwitten, vitamines en waardevolle omega 3-vetzuren. Gebruik alleen producten die duurzaam zijn gevangen of biologisch zijn gekweekt. De beste keuze in de supermarkt zijn van de zeevissen zalm-, koolvis- en kabeljauwfilet en van de zoetwatervissen zalmforel en hele forellen. Laat ze voor gebruik iets of helemaal ontdooien. Leg ze daarvoor afgedekt in de koelkast en let op de ontdooitijden op de verpakking. Giet dooiwater weg. Veelzijdig bruikbare zalm smaakt heerlijk in lauwwarme aardappelsalade (blz. 59) en is verrassend als gegrilde carpaccio (blz. 64). Fijne gebakken vis siert het bord op kruidensalade (blz. 58) en scholfilet is lekker opgerold met spinazievulling (blz. 65). Extra kruidige ovenforel (blz. 65) komt als hele vis op tafel.

Tomaten met tonijnvulling

Zomerse eetlustopwekker

VOOR 2 PERSONEN

- 1 kleine rode ui
- 1 teentje knoflook
- 1 avocado (Hass)
- 1 blikje tonijn (in eigen vocht, 130 g uitlekgewicht)
- 2 el limoensap
- 3 el appelazijn
- zout | peper
- cayennepeper
- 4 tomaten
- 1 el olijfolie
- 50 g gemengde bladsla (kant-en-klaar)

BEREIDINGSTIJD: 20 MINUTEN
PER PORTIE: 345 KCAL / 19 G EIWIT / 25 G VET / 6 G KOOLHYDRATEN

1 Pel de ui en knoflook en hak beide fijn. Snijd de avocado doormidden en verwijder de pit. Schil de helften en snijd het vruchtvlees in stukjes. Laat de tonijn uitlekken en scheur hem in grove stukken. Doe alles in een kom, voeg het limoensap en 2 eetlepels appelazijn toe en meng goed. Voeg zout, peper en cayennepeper toe.

2 Was de tomaten en snijd er een klein dekseltje af. Hak de dekseltjes fijn en verwijder daarbij de steelaanzet. Meng de stukjes tomaat door het avocado-tonijnmengsel. Schep met een lepel de pitjes uit de tomaten en schep de helft van het tonijnmengsel erin.

3 Roer de rest van de appelazijn, de olijfolie, zout en peper door elkaar en meng dit door de bladsla. Schep de rest van het avocado-tonijnmengsel erdoor. Verdeel de salade over kleine bordjes en zet de gevulde tomaten erop.

TIP:

Het avocado-tonijnmengsel is bij frietjes van zoete aardappel ook erg lekker. Verwarm daarvoor de oven voor op 200°C. Schil 300 g zoete aardappelen, snijd die in frietreepjes en meng ze in een schaal met 2 eetlepels gesmolten ghee. Leg de frietjes op een bakplaat met bakpapier en bak ze 35 minuten midden in de oven. Strooi er zeezout over, klaar.

ASPERGES MET GEROOKTE ZALM

Fantastisch voorgerecht

VOOR 2 PERSONEN

- 8 witte of groene asperges
- 2 eieren
- 2 el witte balsamicoazijn
- 2 tl citroensap
- 2 tl dijonmosterd
- 2 el olijf- of walnootolie
- zout | peper
- 1 tl ahornsiroop
- 1 el diepvriesdille
- 4 grote plakken gerookte zalm (150 g)
- ½ bakje tuinkers

BEREIDINGSTIJD: 25 MINUTEN
PER PORTIE: 430 KCAL / 30 G EIWIT / 31 G VET / 7 G KOOLHYDRATEN

1 Was de asperges, schil ze (bij groene asperges alleen het onderste derde deel) en snijd het harde onderkantje eraf. Kook de asperges in een pan met stoommandje boven kokend water beetgaar – witte asperges in 6-7 minuten, groene in 4-5 minuten.

2 Doe de eieren in een pan met water, zorg dat ze onder water staan. Breng met een deksel op de pan aan de kook en laat ze 5 minuten koken. Giet de asperges af in een zeef, laat ze schrikken onder koud water en dan uitlekken.

3 Giet de eieren af, laat ze schrikken met koud water en laat ze daarin afkoelen.

4 Voor de dressing: meng in een kom de azijn, het citroensap en de mosterd en klop de olie erdoor. Breng op smaak met zout, peper en ahornsiroop. Roer de dille erdoor.

5 Pel de eieren, snijd ze in dunne plakjes en leg ze op twee bordjes. Rol telkens 2 asperges in 1 plak gerookte zalm en leg ze op de eieren. Druppel de dressing erover. Knip de tuinkers uit het bakje en strooi die erover.

TIP:
Met gekookte aardappelen wordt dit verfijnde voorgerecht een lekker hoofdgerecht.

4 x voedzame salades...

SPERZIEBONENSALADE MET GEROOKTE FOREL

Voor 2 personen
Per portie: 260 kcal / 14 g E / 18 g V / 11 g KH

Doe 200-250 g **diepvriessperziebonen** in een pan met gezouten **water** (ze moeten net onder staan). Breng dit aan de kook en kook de bonen op een matig vuur in 6 minuten beetgaar. Voor de dressing: meng in een kom 3 eetlepels **witte balsamicoazijn**, 2 theelepels **dijonmosterd** en ¼ theelepel **ahornsiroop** en klop er 3 eetlepels **olijfolie** door. Breng de dressing op smaak met **zout** en **peper**. Giet de sperziebonen af in een zeef, laat ze schrikken in koud water en dan heel goed uitlekken. Pel ½ rode **ui** en snijd in dunne ringen. Was 8 blaadjes **radicchio** en schud droog. Houd 4 blaadjes apart en snijd de overige in dunne reepjes. Scheur 100 g gerookte **forelfilet** in grove stukken. Meng in een kom de bonen, ui, radicchioreepjes, forel, 2 eetlepels fijngehakte **dille** en de dressing. Leg de achtergehouden radicchioblaadjes op twee kleine bordjes en serveer de salade erop.

KRUIDENSALADE MET GEBAKKEN VIS

Voor 2 personen
Per portie: 365 kcal / 34 g E / 21 g V / 9 g KH

Voor de dressing: meng in een kom 2 eetlepels **balsamicoazijn**, 1 theelepel **grove mosterd** en 2 eetlepels **walnootolie** en breng op smaak met **zout** en **peper**.
Was 125 g **kerstomaatjes** en snijd ze doormidden. Spoel 100 g gemengde **kruiden** (bv. peterselie, dille, munt en basilicum) af en schud ze droog. Trek de blaadjes van de takjes en scheur ze eventueel in kleinere stukjes. Pel ½ rode **ui** en snijd fijn. Verhit 1-2 theelepels **ghee** (of kokosolie) in een koekenpan en bak hierin 4 stukken witte, vaste **visfilet** met vel uit de diepvries (65 g per stuk, ontdooid) op een hoog vuur 2 minuten aan op het vel. Zet het vuur uit, draai de visfilets om en laat nog ongeveer 1 minuut garen. Meng in een kom de tomaten, kruiden, ui, 100 g **gemengde sla** en de dressing. Verdeel de salade over twee bordjes. Druppel 1 eetlepel **citroensap** over de visfilets, strooi er zout over en serveer ze op de salade.

... waarbij de hoofdrol wordt gespeeld door vis en garnalen die liefdevol worden omringd door knapperige groentes, aromatische kruiden en krachtige dressings.

LAUWWARME AARDAPPEL-SALADE MET ZALM

Voor 2 personen
Per portie: 575 kcal / 29 g E / 36 g V / 33 g KH

Was 400 g vastkokende **aardappelen**, doe ze in een pan met gezouten **water**, breng aan de kook en laat ze afgedekt in ongeveer 25 minuten gaar koken. Verhit 1 theelepel **ghee** in een koekenpan en bak hierin 250 g ontdooide **diepvrieszalmfilet** aan beide kanten 2-3 minuten aan en laat hem dan afgedekt op een laag vuur in 5-7 minuten gaar worden. Maak 2 **lente-uitjes** schoon, was ze en snijd in dunne ringetjes. Was 150 g **kerstomaatjes** en snijd ze doormidden. Meng in een kom 2 theelepels **grove mosterd**, 2 eetlepels **witte balsamicoazijn** en ¼ theelepel **ahornsiroop** en klop er 2 eetlepels **olijfolie** door. Breng de dressing op smaak met **zout** en **peper**. Giet de aardappelen af, pel ze, snijd in dunne plakken en meng met de dressing. Scheur de zalm in stukken en voeg die toe aan de aardappelen. Voeg de tomaten, ui, 100 g **gemengde bladsla** en 1 eetlepel olijfolie toe en meng goed. Breng op smaak met zout en peper en serveer lauwwarm.

ANANAS-TOMATENSALADE MET GARNALEN

Voor 2 personen
Per portie: 315 kcal / 17 g E / 17 g V / 21 g KH

Schil ½ **ananas**, snijd in de lengte doormidden en verwijder de harde stronk. Snijd het vruchtvlees schuin in dunne plakken. Was 250 g **kerstomaatjes** en snijd ze doormidden. Pel 1 rode **ui**, snijd hem doormidden en dan in dunne reepjes. Spoel 6-8 takjes **koriander** af, schud droog, trek de blaadjes van de steeltjes en scheur ze in stukjes. Verhit 1 eetlepel **olijfolie** in een koekenpan en bak hierin 250 g iets ontdooide **diepvriesgarnalen** (gepeld) 5 minuten aan alle kanten tot ze gaar zijn. Doe alles in een schaal, voeg 1 eetlepel **appelazijn**, 1 eetlepel **limoensap** en 2 eetlepels **sesamolie** toe en meng goed. Breng op smaak met **zout**, **peper** en **cayennepeper**.

TIP:
Als je slechts 100 g garnalen gebruikt, alles heel fijn snijdt en stevig op smaak brengt met cayennepeper, ontstaat er een salsa die lekker is bij gebakken visfilets.

RODE BIET-MANGOSOEP
Met garnalen gewoon perfect

VOOR 2 PERSONEN

- 250 g diepvriesgarnalen (gepeld)
- 250 g rode bietjes (gekookt, vacuümverpakt)
- 150 g mango (vruchtvlees)
- 1 stukje gember (15 g)
- 1 el kokosolie
- ½ ui, fijngehakt
- 200 ml kokosmelk
- 3-4 tl kerriepoeder
- zout
- 1-2 el limoensap
- cayennepeper

BEREIDINGSTIJD: 25 MINUTEN
PER PORTIE: 410 KCAL / 19 G EIWIT / 24 G VET / 29 G KOOLHYDRATEN

1 Laat de garnalen een beetje ontdooien. Laat de rode bietjes uitlekken. Snijd de bietjes en de mango in grove stukken. Schil de gember en snijd fijn.

2 Verhit olie in een pan en bak hierin de fijngehakte ui en de gember aan. Voeg de bietjes en mango toe en laat ze even meebakken. Voeg de kokosmelk, 200 ml water en 3 theelepels kerriepoeder toe en meng goed. Voeg een snufje zout toe en breng de soep aan de kook. Laat afgedekt op een laag vuur ongeveer 10 minuten zachtjes koken.

3 Snijd de garnalen op de rug in de lengte in en verwijder het darmkanaal. Pureer de soep met de staafmixer tot een glad mengsel en roer er 1 eetlepel limoensap door. Breng op smaak met zout en cayennepeper en eventueel nog wat limoensap en kerriepoeder.

4 Doe de garnalen in de soep en laat ze op een laag vuur in 5 minuten gaar worden. Schep de soep in diepe borden of soepkommen en serveer.

TIP:
Laat voor een echte blikvanger ongeveer de helft van de garnalen niet gaar worden in de soep maar bak ze in 2 theelepels kokosolie in een koekenpan. Strooi er zout over, breng op smaak met een beetje limoensap en cayennepeper en verdeel over de soep.

GESTOOMDE VIS MET SAFFRAAN

Feestmaal met exotisch tintje

VOOR 2 PERSONEN

- 1 tl ghee (of kokosolie)
- ½ ui, fijngehakt
- 1 msp rode kerriepasta
- 1 doosje saffraandraadjes
- 1 snufje kurkumapoeder
- 200 ml kokosmelk
- 50 ml druivensap
- zout
- 400 g broccoli
- 2 diepvriesvisfilets (zalm, kabeljauw of koolvis; 125 g per stuk, ontdooid)
- peper
- 80 g rivierkreeftjesvlees (gekookt) of gepelde garnalen
- 1 el limoensap

BEREIDINGSTIJD: 25 MINUTEN
PER PORTIE: 540 KCAL / 38 G EIWIT / 38 G VET / 11 G KOOLHYDRATEN

1 Voor de saus: verhit de ghee in een pan en bak hierin de fijngehakte ui aan. Voeg de kerriepasta, saffraan en kurkuma toe en roer alles even door. Blus af met de kokosmelk, het druivensap en 50 ml water en strooi er een beetje zout over. Laat de saus op een matig vuur ongeveer 8 minuten koken.

2 Maak de broccoli schoon, verdeel in kleine roosjes, was ze en laat uitlekken. Snijd de roosjes in dunne plakken. Bestrooi de vis met zout en peper. Stoom beide 5 minuten in een pan met stoommandje boven kokend water.

3 Doe de rivierkreeftjes in de saus en laat ze even meewarmen. Breng de saus op smaak met limoensap en zout.

4 Strooi zout en peper over de broccoli en verdeel over de borden. Leg de visfilets erop. Giet de saus erover en serveer.

TIP:
De vis kan in plaats van met broccoli ook worden gestoomd en geserveerd met 200 g sugarsnaps. Bij de kleine peulen moeten echter voor het koken eerst nog de draden worden afgetrokken.

4 x ovenvis met kruidenghee...

GEGRILDE ZALMCARPACCIO

Voor 2 personen
Per portie: 440 kcal / 26 g E / 35 g V / 4 g KH

Verwarm de grill van de oven voor. Snijd 250 g (ontdooide) **diepvrieszalmfilet** in dunne plakken en leg die op twee ovenbestendige borden. Smeer 2 eetlepels **kruidenghee** gelijkmatig dun op de plakken zalm. Strooi er 1 eetlepel **saladepittenmix** over. Spoel 4 takjes **dille** af, schud droog en trek de blaadjes van de takjes. Maak 5 **lente-uitjes** schoon, was ze en snijd in dunne ringetjes. Was 10 **kerstomaatjes**, snijd ze doormidden en meng ze met de lente-uitjes, dille en 50 g **gemengde bladsla**. Gril de zalm 5 minuten midden in de oven. Meng 1 eetlepel **witte balsamicoazijn**, 2 theelepels **citroensap**, 1 eetlepel **walnootolie** en **zout** en **peper**. Meng de dressing door de salade en schep de salade op de zalm.

VISFILET 'PALEOLAISE'

Voor 2 personen
Per portie: 450 kcal / 22 g E / 38 g V / 6 g KH

Verwarm de oven voor op 200°C. Spoel 3 takjes **dragon** (als je niet van dragon houdt kun je kervel, basilicum of peterselie gebruiken) af en schud droog. Trek de blaadjes van de takjes en hak ze grof. Hak in een hakmolentje of blender de dragon met 4 eetlepels **kruidenghee** en 4 eetlepels gemalen **hazelnoten** fijn. Roer er 2 eetlepels **sesamzaad** door. Leg 2 stukken ontdooide **diepvriesvisfilet** (100 g per stuk, kabeljauw of koolvis) in een ovenschaal en verdeel het dragon-hazelnootmengsel daar gelijkmatig over. Gril de vis 15 minuten midden in de oven.

... die de vis een lekker aroma geeft: laat 50 g ghee smelten. Roer er de geraspte schil en 2 eetlepels sap van 1 onbespoten citroen, 1 uitgeperst teentje knoflook, 2 theelepels grove mosterd, 1 eetlepel diepvrieskruidenmix en 2 eetlepels diepvriesbieslook door. Breng op smaak met zout, peper en cayennepeper. Doe de kruidenghee in een pot met schroefdeksel. Houdbaarheid: 1 week (in de koelkast).

SCHOLFILETROLLETJES

Voor 2 personen
Per portie: 205 kcal / 25 g E / 11 g V / 0 g KH

Verwarm de oven voor op 200°C. Snijd 2 **gedroogde tomaten** in stukjes en doe ze in de keukenmachine of een hakmolentje. Voeg 50 g nog bevroren **diepvriesspinazie** (in deelblokjes) en 2 eetlepels **kruidenghee** toe en pureer dit glad. Leg 4 ontdooide **scholfilets** uit de diepvries (65 g per stuk) met het vel naar beneden op een werkvlak. Verdeel de spinaziepuree erover. Rol de filets vanaf de smalle kant op en zet de rolletjes vast met een tandenstoker. Zet de rolletjes rechtop in een kleine ovenschaal en laat ze 15 minuten bakken in de oven.

OVENFOREL

Voor 2 personen
Per portie: 405 kcal / 36 g E / 25 g V / 8 g KH

Verwarm de oven voor op 220°C. Maak bij 2 vellen aluminiumfolie rondom een rand van 2 cm zodat er 2 schaaltjes ontstaan. Maak 1 rode en 1 gele **paprika** schoon, was ze en snijd in stukjes. Maak 3-4 stengels **bleekselderij** schoon, was ze en snijd in dunne plakjes. Bestrooi 2 ontdooide **diepvriesforellen** (250 g per stuk) vanbinnen en vanbuiten met **zout** en **peper** en leg ze in de aluminium schaaltjes. Verdeel de groentes en 4 theelepels **kappertjes** ernaast. Schep bij beide forellen 1 eetlepel **kruidenghee** in de buikholte en verdeel 1 eetlepel kruidenghee over het vel. Laat ze 20-30 minuten bakken in het midden van de oven.

PANNENKOEKEN MET GEROOKTE VIS

Vertrouwd en toch verrassend anders

VOOR 2 PERSONEN

- 2 eieren
- 4 el gebroken lijnzaad
- 4 el gemalen amandelen
- zout
- 2 tomaten
- 3 el witte balsamicoazijn
- peper
- 100 g gerookte vis (bv. zalm, forel, heilbot of makreel; zonder graten)
- 2 el ghee (of kokosolie)
- 1 el sesamzaad
- 2-3 tl grove mosterd
- 100 g gemengde bladsla met spinazie (kant-en-klaar)
- 1 bakje tuinkers

VOORBEREIDING: 20 MINUTEN
+ 20 MINUTEN BAKKEN
PER PORTIE: 585 KCAL / 34 G EIWIT / 45 G VET / 8 G KOOLHYDRATEN

1 Voor het beslag: doe eieren, het lijnzaad, de amandelen, 1 snufje zout en 100 ml water in een hoge mengbeker, pureer dit met de staafmixer of in de blender tot een glad beslag en laat 10 minuten wellen.

2 Was intussen de tomaten en snijd in dunne plakken. Druppel er azijn op, breng op smaak met zout en peper en zet ze weg. Scheur de gerookte vis in stukjes.

3 Verdun het beslag met 2-3 eetlepels water zodat het lobbig wordt. Verhit 1 eetlepel ghee in een koekenpan met antiaanbaklaag. Verdeel de helft van het beslag daarin gelijkmatig en strooi de helft van het sesamzaad erover. Bak de pannenkoek ongeveer 5 minuten op een matig vuur tot hij is gestold en de onderkant lichtbruin is.

4 Draai de pannenkoek voorzichtig om, bestrijk met de helft van de mosterd en leg er 50 g vis op. Bak de pannenkoek verder tot ook de andere kant lichtbruin is.

5 Verdeel dan 1 handvol bladsla over de vis en leg er 4 plakjes tomaat op. Vouw de pannenkoek dubbel en schuif hem op een bord. Bereid de tweede pannenkoek op dezelfde manier. Knip de tuinkers uit het bakje en strooi de helft daarvan over de twee pannenkoeken.

6 Meng de rest van de sla met de overige tomaten en tuinkers en serveer de salade naast de pannenkoek op de borden.

NESTROVERS

Eieren, bouten of filet – gevogelte maakt altijd indruk

DE SNELLE 4 VOOR LIEFHEBBERS VAN GEVOGELTE

EIEREN

Eieren zijn rijk aan waardevolle eiwitten die door het menselijk lichaam perfect kunnen worden gebruikt. Bovendien zitten ze vol vetoplosbare vitamines. Gebruik alleen biologische eieren van kippen met vrije uitloop. Eieren zijn klassiekers in burgerkost: gekookte eieren in soep en saus en spiegeleieren (op blz. 78/79). Eieren zijn op Italiaanse wijze lekker als frittata met sperziebonen (blz. 80), geven ontbijtbrood (blz. 24) binding en zijn als ei-ananas-mosterdspread (blz. 26) ook een lekker beleg. In de lente zijn ze trouwe partners van asperges met gerookte zalm (blz. 56) en ovenasperges (blz. 78).
Dieettip: een eiwitrijk ontbijt beschermt tegen aanvallen van lekkere trek en zorgt er zo voor dat we in de loop van de dag minder calorieën eten.

FILET EN MEDAILLON VAN KIP EN KALKOEN

Mager, eiwitrijk vlees – perfect voor figuurbewuste paleo-eters – is snel gebakken of in de oven gegaard. Ook hier geldt: gebruik bij voorkeur alleen biologisch gevogelte. Kipfilet wordt gebraden bij avocadosalade (blz. 72), gepocheerd bij appel-selderijsalade (blz. 74) en is ook lekker met een vulling (blz. 82). In reepjes gesneden en gebraden past kipfilet uitstekend bij salades met caesardressing (blz. 96). Kalkoenreepjes worden zachtjes meegekookt in gember-spinaziesoep (blz. 76).
Tip: gebruik voor duurzame consumptie ook eens andere delen van gevogelte, bijvoorbeeld de vleugeltjes, bouten of de hele vogel!

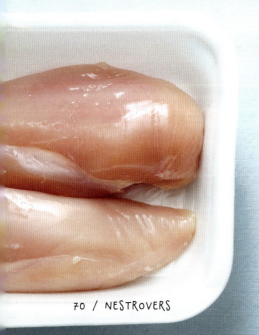

SPINAZIE: VERS EN DIEPVRIES

Spinazie bevat waardevolle vitamines, sporenelementen en antioxidanten. Om het ijzer dat in spinazie zit beter beschikbaar te maken, eet je deze groente het best met fruit en groentes die veel vitamine C bevatten. Jonge spinazie is een prima bladsla en vaak ook bestanddeel van kant-en-klare slamixen uit de supermarkt. Diepvriesspinazie in deelblokjes is heel praktisch omdat je er precies afgepaste porties uit kunt nemen die je bevroren verder kunt verwerken. Met avocado, grapefruit en sesamkip (blz. 72) is spinazie een echte saladetopper. Als kerriekruidige soep met kalkoenreepjes (blz. 76) vormt spinazie een explosie van Aziatische aroma's. De groene bladgroente wordt klassiek gecombineerd met eieren in mosterdsaus (blz. 79) en frittata met sperziebonen (blz. 80).

DONKERE EN WITTE BALSAMICOAZIJN

De donkere en lichte druivenmostazijn uit Italië maken indruk door de milde zuurheid en het fruitige aroma en zijn tegenwoordig niet meer weg te denken uit salades en mediterrane gerechten. Aan industriële producten worden vaak karamelkleurstof (E150) en andere additieven toegevoegd, dus die soorten azijn zijn niet conform de paleonormen. Let bij aankoop op de aanduiding 'balsamico tradizionale' of gebruik biologische producten. Balsamicoazijn is in een dressing bij bladsla met steakreepjes (blz. 34) een hit en als balsamico-cacaodressing (blz. 97) een sensatie voor een bladsalade met bijvoorbeeld bosvruchten, peer of appel. Witte balsamicoazijn geeft avocadosalade met sesamkip (blz. 72) en appel-selderijsalade met kip (blz. 74) extra veel smaak. Als je de balsamico bianco niet kunt vinden, is wittewijnazijn een alternatief.

AVOCADOSALADE MET SESAMKIP

Superster onder de salades

VOOR 2 PERSONEN

- 1 rode ui
- 2 el witte balsamicoazijn
- 3 el olijfolie
- 2 teentjes knoflook
- zout | peper
- 1 roze grapefruit
- 1 avocado (Hass)
- 200 g kipfilet
- 1 ei
- 3 el sesamzaad
- 150 g jonge bladspinazie of slamix met spinazie (kant-en-klaar)

BEREIDINGSTIJD: 25 MINUTEN
PER PORTIE: 685 KCAL / 33 G EIWIT / 51 G VET / 21 G KOOLHYDRATEN

1 Voor de dressing: pel de ui en snijd hem fijn. Doe hem in een schaal en meng er de azijn en 2 eetlepels olijfolie door. Pel de teentjes knoflook en pers 1 teentje erover uit. Breng de dressing op smaak met zout en peper.

2 Schil de grapefruit zo dat ook het witte vel wordt verwijderd. Snijd de partjes uit de velletjes en snijd ze doormidden. Knijp de rest van de grapefruit uit en meng het sap en de partjes door de dressing.

3 Snijd de avocado doormidden en verwijder de pit. Schil de helften en snijd het vruchtvlees in stukjes. Meng de avocado door de dressing.

4 Snijd de kipfilet schuin in reepjes van 1-2 cm dik en bestrooi die met zout en peper. Meng in een kom het ei en de sesamzaadjes en pers het resterende teentje knoflook erboven uit. Voeg zout en peper toe.

5 Verhit de rest van de olijfolie in een koekenpan. Wentel de kipreepjes door het ei-sesammengsel en bak ze 4-5 minuten rondom in de koekenpan tot ze lichtbruin en gaar zijn.

6 Meng in een schaal de bladspinazie of slamix met de dressing. Schep de salade op twee borden en verdeel de sesamkip erover.

TIP:
Zin in variatie? Gebruik dan in plaats van sesamzaad fijngehakte pompoenpitjes.

APPEL-SELDERIJSALADE MET KIP
Waldorfsalade op paleowijze

VOOR 2 PERSONEN

250 ml ongezoete amandelmelk
1 teentje knoflook
kruidenzout
200 g kipfilet
2 el witte balsamicoazijn
1 el dijonmosterd
2 el walnootolie
peper
3 stengels bleekselderij
1 appel
100 g ananasstukjes (uit blik)
50 g walnoten
1 tl kerriepoeder (naar smaak)

BEREIDINGSTIJD: 30 MINUTEN
PER PORTIE: 510 KCAL / 27 G EIWIT / 31 G VET / 26 G KOOLHYDRATEN

1 Breng in een pan de amandelmelk en 100 ml water aan de kook. Pel het teentje knoflook en pers het erboven uit. Voeg een beetje kruidenzout toe. Zet het vuur lager, leg de kipfilet in de kokende vloeistof en laat afgedekt op een laag vuur in 15 minuten gaar worden.

2 Voor de dressing: meng in een kom de azijn en mosterd, klop de olie erdoor en breng op smaak met kruidenzout en peper.

3 Was de bleekselderij, maak de stengels schoon en snijd ze in dunne plakjes. Schil de appel, verwijder het klokhuis en snijd hem fijn. Snijd de stukjes ananas doormidden. Hak de walnoten grof. Meng alles door de dressing.

4 Giet de kipfilet af, laat hem schrikken onder koud water en dan uitlekken. Snijd de nog warme kip in repen van ongeveer 1 cm dik, laat wat afkoelen en meng de reepjes door de salade. Laat alles even intrekken en breng dan op smaak met kruidenzout, peper en eventueel kerriepoeder.

TIP:
Ook heel lekker – de stukjes ananas vervangen door 1-2 mandarijntjes of clementines. Pel de vruchten en haal de partjes eruit.

GEMBER-SPINAZIESOEP MET KALKOENREEPJES

Verwarmende soep op koude dagen

VOOR 2 PERSONEN

- 1 stukje gember (20 g)
- 2 teentjes knoflook
- 1 lente-uitje
- 3 tl kerriepoeder
- 2-3 el limoensap
- 1-2 tl ahornsiroop
- 1 el olijfolie
- 200 ml kokosmelk
- zout
- 200 g kalkoen (lapje of medaillon)
- 100 g shiitakes (of kastanjechampignons)
- 100 g ontdooide diepvriesspinazie (in deelblokjes)
- 1 tl dijonmosterd
- peper

BEREIDINGSTIJD: 25 MINUTEN
PER PORTIE: 200 KCAL / 27 G EIWIT / 7 G VET / 6 G KOOLHYDRATEN

1 Schil de gember, pel de teentjes knoflook en hak ze grof. Maak het lente-uitje schoon, was het en snijd in dunne ringetjes. Doe alle ingrediënten (behalve de groene lente-uiringetjes) in een hoge mengbeker, voeg het kerriepoeder, 2 eetlepels limoensap, 1 theelepel ahornsiroop en de olijfolie toe en pureer dit fijn met de staafmixer of in de blender. Giet geleidelijk de kokosmelk erbij en meng die er goed door.

2 Doe het kerrie-kokosmengsel en 200 ml water in een pan, breng aan de kook en voeg zout toe.

3 Snijd het kalkoenvlees schuin in reepjes van ongeveer 1 cm breed. Maak de paddenstoelen schoon en verwijder de steeltjes volledig. Snijd de hoedjes in dunne plakjes. Voeg de kalkoenreepjes, de paddenstoelen en de spinazie aan de soep toe en laat alles op een laag vuur 6-8 minuten trekken.

4 Roer de mosterd en de groene lente-uiringetjes door de soep. Breng op smaak met zout en peper en eventueel het overgebleven limoensap en de ahornsiroop. Schep de soep in twee diepe borden en serveer.

TIP:
Deze aromatische soep is in plaats van met kalkoen ook heerlijk met garnalen. Doe daarvoor 200 g diepvriesgarnalen (gepeld) tegelijk met de spinazie in de soep.

4 x EIEREN SNEL BEREID...

BROCCOLISOEP MET HARDGEKOOKT EI

Voor 2 personen
Per portie: 410 kcal / 16 g E / 27 g V / 26 g KH

Schil 250 g vastkokende **aardappelen**, was ze en snijd ze in stukjes. Verhit 1 theelepel **ghee** (of kokosolie) in een pan en bak hierin ½ **ui** (fijngehakt) en de aardappelen aan. Giet er 200 ml **kokosmelk**, 200 ml **water** en 50 ml **appelsap** bij, strooi er **zout** over, breng alles aan de kook en laat het ongeveer 3 minuten koken zonder deksel. Was 250 g **broccoli**, maak hem schoon en snijd hem in stukjes. Doe die bij de aardappelen en laat alles nog 10 minuten afgedekt koken op een laag tot matig vuur. Kook 2 **eieren** in ongeveer 6 minuten halfzacht en laat ze schrikken in koud water. Pureer de soep glad en verdun hem eventueel met een beetje water. Roer er 4 eetlepels **diepvriestuinkruiden** en 1-2 theelepels versgeraspte **mierikswortel** door. Breng de soep op smaak met zout, **peper** en 1 eetlepel **witte balsamicoazijn** en schep in borden. Pel de eieren, snijd ze doormidden en leg ze in de soep. Knip ½ bakje **tuinkers** en strooi dit erover.

GEPOCHEERD EI OP OVENASPERGES

Voor 2 personen
Per portie: 315 kcal / 19 g E / 24 g V / 6 g KH

Voor dit recept is een magnetron nodig. Verwarm de oven voor op 200°C. Was 500 g **groene asperges**, schil het onderste derde gedeelte en snijd het harde onderkantje eraf. Leg de asperges op een ovenrooster met bakpapier. Druppel er 2 eetlepels gesmolten **ghee** over en strooi er **zout** over. Laat de asperges 12 minuten garen in het midden van de oven. Meng 2 theelepels **grove mosterd**, 2 theelepels **limoensap** en 2 theelepels **water**. Maak 4 **radijsjes** schoon, was ze en snijd ze in dunne reepjes. Pocheer 4 **eieren** één voor één. Doe daarvoor telkens ongeveer 5 mm heet water in een klein ovenschaaltje. Sla 1 ei stuk in het schaaltje en laat dat 35-40 seconden garen in de magnetron op de hoogste stand. Giet het water af en laat het ei op een bord glijden. Leg de asperges op borden, strooi de radijsjes erop en druppel er 1 eetlepel **limoensap** over. Leg de eieren erop, bestrooi met zout en **peper** en druppel er limoensap op. Knip 1 bakje **tuinkers** en strooi dit erover.

... en eenvoudig, eerlijk en lekker op het bord. Ze wekken herinneringen op aan de kindertijd en zijn echt 'soulfood'.

EIEREN IN MOSTERDSAUS

Voor 2 personen
Per portie: 290 kcal / 20 g E / 20 g V / 7 g KH

Kook naar keuze 2 of 4 **eieren** in ongeveer 6 minuten halfzacht, laat ze schrikken in koud water. Verhit in een pan 1 theelepel **ghee**, 50 ml **water** en 300 g bevroren **diepvriesspinazie** (deelblokjes). Pel 1 teentje **knoflook** en pers de helft hierover uit. Bestrooi met **kruidenzout** en roerbak de spinazie 5 minuten. Voor de saus: doe 200 ml water in een pan en pers het overgebleven knoflookteentje daarboven uit. Meng er 2 eetlepels **cashewpasta**, 1 theelepel **gistvlokken** en ½ eetlepel **appelazijn** door. Voeg kruidenzout toe, breng aan de kook en laat in 3-4 minuten inkoken tot het een beetje lobbig is. Haal de pan van het vuur en roer er 5 theelepels **grove mosterd** door. Breng op smaak met kruidenzout, **peper**, 2 theelepels **appelazijn** en ¼ theelepel **ahornsiroop**. Pel de eieren en leg ze in de saus. Breng de spinazie op smaak met kruidenzout, peper en versgeraspte **nootmuskaat** en schep hem op borden. Verdeel hierover de eieren met de saus.

GROENTERÖSTI MET SPIEGELEI

Voor 2 personen
Per portie: 370 kcal / 15 g E / 25 g V / 23 g KH

Schil 300 g vastkokende **aardappelen** en 1 **wortel**, was ze, snijd ze in stukjes en hak ze grof met de keukenmachine of in een hakmolentje. Voeg 2 eetlepels **Italiaanse diepvrieskruiden** en 1 **ei** toe en breng op smaak met **kruidenzout**, **peper** en versgeraspte **nootmuskaat**. Verhit in 2 koekenpannen telkens 1 eetlepel **olijfolie**. Verdeel het aardappelmengsel hierover en vorm er twee rösti's van (20 cm ø) (goed aandrukken!). Bak ze afgedekt 8-10 minuten op een laag tot matig vuur tot de onderkant krokant is. Draai de rösti's voorzichtig om en bak ze in 8-10 minuten zonder deksel gaar. Was 4 **cocktailtomaten** en snijd ze in dikke plakjes. Leg de rösti op borden en dep ze droog met keukenpapier. Bak van 2 **eieren** in 2 eetlepels **ghee** spiegeleieren en bak daarbij de plakjes tomaat mee. Bestrijk elke rösti met 1 theelepel **grove mosterd** en strooi er 2 handenvol **gemengde bladsla** over. Bestrooi de tomaten en spiegeleieren met kruidenzout en peper en leg ze op de rösti.

FRITTATA MET SPERZIEBONEN

Groen eiwitwonder

VOOR 2 PERSONEN

- 150 g diepvriessperziebonen
- zout
- 4 eieren
- 100 g diepvriesspinazie (in deelblokjes)
- 2 el diepvriestuinkruiden
- 2 el witte balsamicoazijn
- 1 teentje knoflook
- kruidenzout | peper
- 1 snufje paprikapoeder
- 3 el olijfolie
- 1 tomaat
- 4-5 takjes basilicum

BEREIDINGSTIJD: 25 MINUTEN
PER PORTIE: 360 KCAL / 18 G EIWIT / 28 G VET / 9 G KOOLHYDRATEN

1 Bedek de bevroren sperziebonen in een pan met gezouten water en breng ze aan de kook. Kook de bonen op een matig vuur in 6 minuten beetgaar. Meng in een kom de eieren, de nog bevroren spinazie, de tuinkruiden en 1 eetlepel azijn. Pel het teentje knoflook en pers het erboven uit.

2 Giet de sperziebonen af in een zeef, laat ze schrikken in koud water en dan uitlekken. Schud ze droog en roer ze door het eimengsel. Bestrooi met kruidenzout, peper en paprikapoeder.

3 Verhit in een koekenpan met antiaanbaklaag 2 eetlepels olijfolie. Verdeel het ei-groentemengsel hier gelijkmatig in. Bak het op een matig vuur afgedekt 5-7 minuten tot de onderkant krokant bruin en de bovenkant bijna gestold is.

4 Was de tomaat en snijd die in stukjes, verwijder de steelaanzet. Trek de blaadjes van de takjes basilicum en scheur ze in stukjes. Doe de tomaat en het basilicum in een kom, meng de rest van de azijn en de olijfolie erdoor en breng op smaak met kruidenzout en peper.

5 Draai de frittata voorzichtig om en bak hem zonder deksel in 5 minuten gaar. Laat hem dan op een bord glijden. Serveer met het tomaten-basilicummengsel (zonder het uitlekvocht).

GEVULDE KIPFILET

Zomers, licht, mediterraans

VOOR 2 PERSONEN

- 2 kipfilets (150-200 g per stuk)
- 3 el tomaten-vijgenpesto (blz. 105)
- zout | peper
- 2 el olijfolie
- 500 g courgette
- 50 g gedroogde tomaten
- 60 g groene olijven (zonder pit)
- 1 teentje knoflook
- 4-5 takjes basilicum
- 60 ml appelsap
- 2 el witte balsamicoazijn

BEREIDINGSTIJD: 30 MINUTEN
PER PORTIE: 455 KCAL / 45 G EIWIT / 23 G VET / 13 G KOOLHYDRATEN

1 Verwarm de oven voor op 150°C. Leg bakpapier op het ovenrooster. Snijd de kipfilets in de lengte horizontaal zo in dat er een zakje ontstaat. Doe de tomaten-vijgenpesto daarin. Bestrooi het vlees rondom met zout en peper.

2 Verhit 1 eetlepel olijfolie in een koekenpan, bak hierin de kipfilets rondom aan, leg ze dan op het rooster en laat ze ongeveer 12 minuten garen midden in de oven.

3 Was de courgette, maak hem schoon en snijd in dunne plakken. Snijd de gedroogde tomaten in dunne reepjes en snijd de olijven doormidden. Pel het teentje knoflook en snijd fijn. Trek de blaadjes van de takjes basilicum.

4 Verhit de rest van de olijfolie in de koekenpan en bak hierin de courgette, tomaten en olijven 5 minuten aan. Voeg de knoflook toe, blus af met het appelsap en laat inkoken. Blus weer af met de azijn. Breng op smaak met zout en peper en roer het basilicum erdoor.

5 Verdeel het courgettemengsel over 2 borden en leg de kipfilets erop.

Kippenbouten met Marokkaanse zuurkool

Mild-zoetzuur en exotisch-kruidig

Voor 2 personen

- 2 el olijfolie
- 1-2 tl ahornsiroop
- 2 tl ras-el-hanout
- 2-3 tl harissa (peperpasta)
- 1 teentje knoflook
- zout
- 2 kippenbouten (300 g per stuk)
- 200 g abrikozen
- 2 el pijnboompitjes
- 3 takjes peterselie
- 2 tl ghee (of kokosolie)
- 3 msp kaneelpoeder
- 400 g zuurkool
- 2 el sultanarozijnen
- 100 ml druivensap

Voorbereiding: 25 minuten + 45 minuten bakken
Per portie: 710 kcal / 46 g eiwit / 45 g vet / 27 g koolhydraten

1 Leg aluminiumfolie op de bakplaat en schuif die in het midden van de oven. Verwarm de oven voor op 200°C. Voor de marinade: meng in een kom de olijfolie, ½ theelepel ahornsiroop, 1½ theelepel ras-el-hanout en 1 theelepel harissa. Pel het teentje knoflook en pers het erboven uit. Voeg zout toe aan de marinade.

2 Bestrijk de kippenbouten gelijkmatig met de marinade. Leg ze met het vel naar boven op de bakplaat en bak ze 45 minuten in de oven. Draai ze elke 15 minuten om.

3 Voor de zuurkool: was de abrikozen, verwijder de pitten en snijd ze in dunne partjes. Rooster de pijnboompitjes in een droge koekenpan lichtbruin en haal ze dan uit de pan. Spoel de takjes peterselie af en schud ze droog, trek de blaadjes eraf en hak die grof.

4 Verhit de ghee in de koekenpan en bak hierin de rest van de harissa en ras-el-hanout en 1 mespunt kaneelpoeder even aan. Voeg de uitgelekte zuurkool toe en roerbak die even in de koekenpan. Meng er de abrikozen, de rozijnen, het druivensap en 100 ml water door. Laat alles afgedekt 10 minuten zachtjes koken op een laag vuur.

5 Meng de pijnboompitjes door de zuurkool en breng op smaak met zout, de overgebleven kaneel en de ahornsiroop. Verdeel de zuurkool over de borden en strooi er peterselie over. Serveer de kippenbouten ernaast.

VERZAMELAARS

Back to the roots met wortels, paddenstoelen en dergelijke

DE SNELLE 4 VOOR VEGETARIËRS

BROCCOLI EN BLOEMKOOL

Deze koolsoorten zijn caloriearm, maar rijk aan waardevolle vitamine C, magnesium, kalium en foliumzuur. Ze zijn vooral voor paleo-eters die weinig vlees en vis eten een belangrijke bron van calcium en ijzer. Broccoli en bloemkool zijn rauw net zo lekker als gestoomd, gestoofd of uit de oven. Fijngehakte bloemkool of broccoli verbluffen als 'couscous' in taboulé (blz. 92), bloemkool is knapperig als falafel (blz. 98). Broccoli is een oude vertrouwde in broccolisoep met hardgekookt ei (blz. 78) en wordt exotisch-kruidig in rode groentecurry (blz. 100).
Tip: 150 g bloemkoolroosjes zijn gestoomd ook lekker in gember-spinaziesoep met kalkoenreepjes (blz. 76).

ZOETE AARDAPPELEN

Zoete aardappelen of bataten zijn niet verwant aan aardappelen, maar kunnen op dezelfde manier worden verwerkt. Ze hebben een aangenaam zoetige smaak, zijn rijk aan bètacaroteen en kalium en een echte vitamine E-bom. Ze bevatten ook waardevolle wateroplosbare voedingsvezels. Bataten geven rode groentecurry (blz. 100) een zacht, zoet tintje. In combinatie met avocado, paprika en gehakt zijn ze in het bataat-paprikapannetje (blz. 38) echt tex-mex soulfood. Op grijze dagen zijn ze een herfstachtige sfeermaker in bataatpuree met paddenstoelen (blz. 102). Ook als frietjes zijn zoete aardappelen een topper met avocado-tonijnsalsa (blz. 54) of als gebakken ovengroente (blz. 104/105). **Tip:** maak de paprika-aardappelgoulash (blz. 46) eens met zoete aardappelen in plaats van gewone aardappelen.

SESAMPASTA (TAHIN) EN SESAMZAAD

Sesam is nootachtig, licht kruidig van smaak. Dit zaad is rijk aan eiwit, ijzer, calcium, magnesium, vitamine E- en B-vitamines. Eet de zaadjes echter met mate vanwege het relatief hoge aandeel meervoudig onverzadigde vetzuren en fytinezuur. Sesampasta is een basisingrediënt van de oriëntaalse keuken en de basis van veel dips en sauzen. Tahin geeft dadel-sesamdressing (blz. 97), rode biet-sesamdip (blz. 104) en sesamsaus bij bloemkoolfalafel (blz. 98, Tip) een romige consistentie. Sesamzaadjes bedekken kipreepjes in avocadosalade (blz. 72) en geven pannenkoeken met gerookte vis (blz. 66) en komkommer-uiensalsa (blz. 44) een krokante bite en lekker aroma.
Tip: strooi voor een oriëntaals tintje 1 eetlepel sesamzaad en 2 eetlepels fijngehakt korianderblad over meloencarpaccio (blz. 90) in plaats van basilicum en walnoten.

PADDENSTOELEN

Paddenstoelen zijn zeer caloriearm, bevatten hoogwaardige eiwitten, ijzer, mineralen en belangrijke vitamines, bijvoorbeeld D en B2. Gekweekte witte champignons en kastanjechampignons, shiitakes en oesterzwammen zijn het hele jaar verkrijgbaar in de supermarkt. De in het wild groeiende cantharellen zijn alleen in de zomer en het begin van de herfst verkrijgbaar en bospaddenstoelenmixen vind je vaak in de herfst. Gewone en kastanjechampignons zijn een prima ingrediënt voor groentecurry (blz. 100) en een perfect beleg voor gehaktpizza (blz. 40). Bospaddenstoelen zijn lekker bij bataatpuree (blz. 102), cantharellen smaken heerlijk bij bladsla met steakreepjes (blz. 34). Oesterzwammen doen het heel goed samen met sperziebonen (blz. 44). Shiitakes voelen zich thuis in kruidige gember-spinaziesoep (blz. 76).

MELOENCARPACCIO

Fruitig-frisse streling voor het oog

VOOR 2 PERSONEN

1 kleine rode ui
2 el appelazijn
1 el walnootolie
1 tl dijonmosterd
zout | peper
300 g watermeloen
(vruchtvlees met weinig pitjes)
6 radijsjes
4-5 takjes basilicum
40 g walnoten

BEREIDINGSTIJD: 15 MINUTEN
PER PORTIE: 250 KCAL / 5 G EIWIT /
18 G VET / 17 G KOOLHYDRATEN

1 Pel de ui, snijd hem fijn en doe in een kom. Voeg de azijn, olie en mosterd toe en meng goed. Breng op smaak met zout en peper en laat dit 10 minuten marineren.

2 Snijd intussen de watermeloen in zo dun mogelijke plakken en verwijder daarbij eventuele pitjes. Maak de radijsjes schoon, was ze en snijd ook die in dunne plakjes. Leg eerst de plakken meloen op twee borden en daarop de plakjes radijs.

3 Trek de blaadjes van de takjes basilicum en hak de walnoten in grove stukken. Strooi beide over de carpaccio. Verdeel de stukjes ui en de marinade hierover. Serveer direct.

TIP:
Voor carpaccio zijn andere soorten meloen – bijvoorbeeld galia-, kantaloep-, suiker- of honingmeloen – geschikt, maar ook papaja. Schil het fruit, verwijder de pitjes, snijd het vruchtvlees in dunne plakken en verwerk het verder zoals de plakken watermeloen.

GROENE TABOULÉ

Couscousklassieker eens helemaal anders

VOOR 2 PERSONEN

- 200 g groene bloemkool, broccoli of romanesco
- 2 takjes peterselie
- 2 takjes munt
- 1 teentje knoflook
- ½-1 el citroensap
- ½ el walnootolie
- ½ tl komijnpoeder
- kruidenzout | peper
- een paar druppels agavediksap
- 125 g kerstomaatjes
- ½ gele paprika
- ½ rode ui

BEREIDINGSTIJD: 15 MINUTEN
PER PORTIE: 100 KCAL / 5 G EIWIT / 5 G VET / 9 G KOOLHYDRATEN

1 Was de bloemkool, broccoli of romanesco, maak ze schoon en verdeel in kleine roosjes. Spoel de kruiden af en schud droog. Haal de blaadjes van de takjes. Pel het teentje knoflook en snijd het grof. Hak alles fijn in de keukenmachine.

2 Doe de koolkruimels in een schaal en meng er ½ eetlepel citroensap, de walnootolie en de komijn door. Breng de taboulé op smaak met kruidenzout, peper, het overgebleven citroensap en het agavediksap.

3 Was de tomaatjes en snijd ze in dunne plakjes. Maak de paprika schoon en was hem. Pel de ui en snijd beide klein. Meng de groentes met de taboulé, verdeel over twee borden en serveer.

TIP:
Serveer de groene taboulé ook eens met visfilet 'paleolaise' (blz. 64), sesamkip (blz. 72) of gevulde kipfilet (blz. 82) – past perfect!

COURGETTEPASTASALADE

Licht voor- of bijgerecht

VOOR 2 PERSONEN

- 1 kleine courgette
- 125 g kerstomaatjes
- 4-5 takjes basilicum
- 8 groene olijven (zonder pit)
- 2 el witte balsamicoazijn
- 2 el olijfolie
- 1 teentje knoflook
- 1 tl kappertjes
- zout | peper

BEREIDINGSTIJD: 15 MINUTEN
PER PORTIE: 150 KCAL / 2 G EIWIT / 13 G VET / 5 G KOOLHYDRATEN

1 Was de courgette, maak hem schoon en snijd met een dunschiller in dunne repen. Haal daarvoor de dunschiller in de lengte over het vruchtvlees. Was de tomaatjes en snijd ze doormidden. Trek de blaadjes van de takjes basilicum en snijd de olijven doormidden.

2 Voor de dressing: meng in een kom de azijn en olijfolie, pel het teentje knoflook en pers het erboven uit. Pers ook de kappertjes door de knoflookpers. Breng de dressing op smaak met zout en peper.

3 Meng de courgette, de tomaatjes, het basilicum en de olijven door de dressing. Laat de salade even intrekken, schep hem dan op twee borden en serveer.

TIP:
Op dezelfde manier kun je ook 'pastaslierten' maken van wortels, komkommer en rettich (witte rammenas) voor een pastasalade.

4 x SNELLE DRESSINGS...

CAESARDRESSING À LA PALEO

Voor 4 personen
Per portie: 105 kcal / 3 g E / 9 g V / 2 g KH

Voor dit recept moeten alle ingrediënten op kamertemperatuur zijn. Belangrijk: gebruik alleen heel verse eieren! Pel 2 teentjes **knoflook**, snijd ze grof en doe ze in een mengbeker. Voeg 1 **ei**, 2 theelepels **dijonmosterd**, 1 **ansjovisfilet** (in olie), 2 eetlepels **citroensap**, 3 eetlepels **walnootolie**, 1 theelepel **ahornsiroop** en naar smaak 1 theelepel **gistvlokken** toe en meng goed. Pureer met de staafmixer. Breng de dressing op smaak met **zout**, **peper** en een paar druppels ahornsiroop. Houdbaarheid: 1 dag (in de koelkast).

LEKKER BIJ:
Bladsla zoals Romeinse sla, spinazie of radicchio, gemengd met tomaten, komkommer, courgette of rode ui. Voeg ook avocado, kip, garnalen en gekookte eieren toe voor je favoriete Caesar salad!

GEMBER-ANANASDRESSING

Voor 4 personen
Per portie: 100 kcal / 0 g E / 10 g V / 2 g KH

Snijd 30 g **ananasvruchtvlees** in stukjes. Schil 1 stukje **gember** (20 g) en pel 1 teentje **knoflook**. Verwijder de zaadjes uit 1 stuk rode **chilipeper** (2 cm) en was hem. Snijd alles fijn. Doe de voorbereide ingrediënten in een hoge mengbeker en voeg 2 eetlepels **citroensap**, 1 theelepel **witte balsamicoazijn**, 4 eetlepels **walnootolie** en 1 snufje **bourbon vanillepoeder** toe. Pureer met de staafmixer. Breng de dressing op smaak met **zout**, **peper** en een paar druppels **ahornsiroop**. Houdbaarheid: 2 dagen (in de koelkast).

LEKKER BIJ:
Fruitige zomerse salades met rucola en bosvruchten, maar ook lekker bij salades met tonijn, garnalen of kip. Past perfect bij rauwkost zoals geraspte wortels, geraspte rode biet en fijngesneden spitskool!

... die heel eenvoudig te bereiden, maar extra aromatisch zijn. Zo wordt iedere salade een absolute topper!

BALSAMICO-CACAO-DRESSING

Voor 4 personen
Per portie: 155 kcal / 1 g E / 16 g V / 2 g KH

Doe 4 eetlepels **balsamicoazijn**, 1 theelepel **dijonmosterd**, 1 theelepel **ahornsiroop** en 4 theelepels **cacaopoeder** in een hoge mengbeker en meng dit goed. Klop er 6 eetlepels **olijfolie** door. Laat de dressing 5 minuten intrekken en roer die dan nogmaals goed door. Breng op smaak met **zout**, **peper** en **cayennepeper**. Houdbaarheid: 2 dagen (in de koelkast).

LEKKER BIJ:
Veldsla en rucola, aangevuld met bosvruchten, appel, peer, vijgen of perziken maar ook noten en lams- of runderreepjes.

DADEL-SESAMDRESSING

Voor 4 personen
Per portie: 75 kcal / 1 g E / 6 g V / 3 g KH

Pel 1 teentje **knoflook** en snijd dat samen met 2 **dadels** (zonder pit) in grove stukken. Doe dit in een hoge mengkom, voeg 1 eetlepel **tahin** (sesampasta), 2 eetlepels **citroensap**, 1 eetlepel **witte balsamicoazijn**, 3 eetlepels **water**, ½ theelepel **komijnpoeder**, 1 mespuntje **cayennepeper** en 2 eetlepels **sesamolie** toe en meng goed. Pureer met de staafmixer. Breng de dressing op smaak met wat citroensap, **zout**, **peper** en cayennepeper. Verdun met water tot de gewenste consistentie. Houdbaarheid: 2 dagen (in de koelkast).

LEKKER BIJ:
Bladspinazie, rucola of fijngesneden spitskool, met lamsvlees of kipreepjes en granaatappelpitten of rozijnen. Past ook goed bij geraspte wortelen en rauwe koolrabireepjes met appel en mandarijn.

BLOEMKOOLFALAFEL

Oriëntaalse klassieker in een nieuw jasje

VOOR 2 PERSONEN

- 125 g bloemkool
- 1 teentje knoflook
- 1 el gebroken lijnzaad
- 30 g gemalen hazelnoten
- 2 tl chiazaad
- 2 el Italiaanse diepvrieskruiden
- 1 el edelgistvlokken
- 1 tl komijnpoeder
- 1 msp cayennepeper
- kruidenzout
- 1 ei
- 300-400 g geklaarde boter om in te frituren

BEREIDINGSTIJD: 25 MINUTEN
+ 10 MINUTEN RUSTEN
PER PORTIE: 340 KCAL / 10 G EIWIT /
30 G VET / 5 G KOOLHYDRATEN

1 Was de bloemkool en maak hem schoon. Pel het teentje knoflook. Doe beide in de keukenmachine. Voeg het lijnzaad, de hazelnoten, het chiazaad, de Italiaanse kruiden, de gistvlokken en de specerijen toe en hak heel fijn. Voeg kruidenzout toe, roer het ei erdoor en laat de massa 10 minuten rusten.

2 Verhit in een kleine pan een laagje geklaarde boter van ongeveer 2 cm hoog. De temperatuur is goed als langs een houten stokje dat je in het vet doopt direct kleine belletjes opstijgen.

3 Vorm van de bloemkoolmassa 8 amandelvormige balletjes en frituur die in de geklaarde boter op een matig vuur rondom in ongeveer 6 minuten goudbruin. Haal de falafels met een schuimspaan uit het vet, laat ze even uitlekken op keukenpapier en serveer ze dan direct.

TIP:

Perfect hierbij smaakt een kleurrijke gemengde bladsalade. Verdeel de salade over de borden en leg de falafels erop. Zet als dipsaus een van de dressings van bladzijde 96 en 97 op tafel. Of heel klassiek: sesamsaus. Meng hiervoor 2 eetlepels sesampasta (tahin), 2 eetlepels water en 1 eetlepel citroensap. Pel 1 teentje knoflook en pers het erboven uit. Breng de saus op smaak met zout, peper, komijnpoeder, cayennepeper en een paar druppels honing.

RODE GROENTECURRY

Groentefeestje met kruidige kick

VOOR 2 PERSONEN

- 200 g champignons (of kastanjechampignons)
- 200 g zoete aardappel
- 400-500 g kleurrijke, gemengde groentes (bv. broccoli, prei, paprika, courgette)
- 400 ml kokosmelk
- 4 tl rode kerriepasta
- 2 tl ahornsiroop
- 3 el limoensap
- 100 g appel-mangopuree
- zout
- 6-8 takjes verse koriander

BEREIDINGSTIJD: 15 MINUTEN
PER PORTIE: 565 KCAL / 12 G EIWIT / 36 G VET / 45 G KOOLHYDRATEN

1 Maak de champignons schoon en snijd ze in dunne plakjes. Schil de zoete aardappel, snijd in de lengte in vieren en dan in dunne plakjes. Was de groente en maak ze schoon of schil ze. Snijd ze dan in hapklare stukken.

2 Breng in een pan de kokosmelk, de kerriepasta, de ahornsiroop, 2 eetlepels limoensap en de fruitpuree aan de kook en voeg zout toe. Voeg de groente toe en laat op een matig vuur eerst afgedekt 4 minuten koken. Kook de curry dan nog 4-5 minuten zonder deksel tot de groente beetgaar is.

3 Spoel de takjes koriander af en schud ze droog. Haal de blaadjes van de takjes en hak ze fijn. Roer de helft van de koriander door de groentecurry en breng op smaak met zout en het overgebleven limoensap.

4 Schep de curry in grote soepkommen of diepe borden, strooi de rest van de koriander erover en serveer.

TIP:
Liefhebbers van kip kunnen de curry verfijnen met 150 g kipreepjes. Laat daarvoor de groente eerst 4 minuten garen, voeg dan de kipreepjes toe en laat die 4-5 minuten zonder deksel meegaren. Maak het gerecht af zoals beschreven.

BATAATPUREE MET PADDENSTOELENPANNETJE

Herfstachtige veggi-topper

VOOR 2 PERSONEN

400 g zoete aardappelen
1 preistengel (of 250 g diepvriesprei)
200 g gemengde bospaddenstoelen (of (kastanje)champignons)
100 g spitskool
100 g radicchio
1 tl ghee (of kokosolie)
½ ui, fijngehakt
3 el appelsap
2 el balsamicoazijn
kruidenzout | peper
1 el walnootolie
1 el limoensap

BEREIDINGSTIJD: 20 MINUTEN
PER PORTIE: 335 KCAL / 10 G EIWIT / 10 G VET / 51 G KOOLHYDRATEN

1 Schil de zoete aardappelen en snijd in kleine stukjes. Maak de prei schoon, snijd in dunne ringetjes, was ze en laat uitlekken. Stoom beide 10 minuten in een pan met stoommandje boven kokend water.

2 Maak intussen de paddenstoelen schoon en snijd in dikke plakjes. Maak de spitskool schoon, was hem en snijd in brede repen. Scheur de radicchio in stukken, was die, schud droog en snijd ook in brede repen.

3 Verhit de ghee in een koekenpan en bak hierin de fijngehakte uien, paddenstoelen en kool aan. Blus af met het appelsap en 1 eetlepel azijn en laat even inkoken. Voeg kruidenzout en peper toe. Meng de radicchio erdoor en giet de rest van de azijn erbij.

4 Stamp de zoete aardappel, prei, walnootolie en het limoensap tot puree. Breng op smaak met kruidenzout en serveer de puree met het paddenstoelenmengsel op borden.

TIP:
Gebruik in plaats van zoete aardappelen ook eens een mengsel van aardappelen en hokkaidopompoen.

4 x dipsauzen bij ovengroente

AVOCADO-MIERIKSWORTELDIP

Voor 2 personen
Per portie: 250 kcal / 4 g E / 25 g V / 3 g KH

Snijd 1 **avocado** (Hass) doormidden en verwijder de pit. Schil de helften, snijd het vruchtvlees in grove stukken en doe die in een schaal. Voeg 1 eetlepel **witte balsamicoazijn** en 1 eetlepel **citroensap** toe en prak de avocado fijn met een vork. Pel 1 teentje **knoflook** en pers het erboven uit. Roer er 1 theelepel versgeraspte **mierikswortel** door. Breng de dipsaus op smaak met **zout**, **peper** en eventueel nog wat mierikswortel. Knip 1 bakje tuinkers. Roer de helft van de **tuinkers** door de dip en strooi de rest erover.

LEKKER BIJ:
Aardappelen, wortels, rode bietjes, courgette, koolrabi, paprika, rode uien en prei.

RODE BIET-SESAMDIP

Voor 2 personen
Per portie: 405 kcal / 9 g E / 31 g V / 17 g KH

Snijd 40 g **gedroogde tomaten** in dunne reepjes en laat die 10 minuten weken in heet water. Snijd 250 g **rode bieten** (gekookt, vacuümverpakt) in kleine stukjes. Pel 2 teentjes **knoflook** en snijd ook die fijn. Laat de tomaten uitlekken en knijp ze een beetje uit. Doe alles in de keukenmachine, voeg 75 g **tahin** (sesampasta), 3 eetlepels **citroensap**, 1 theelepel gemalen **komijn** en **zout** toe en pureer. Breng de dipsaus op smaak met zout, **peper** en **cayennepeper**. Druppel er 1 eetlepel **olijfolie** over en strooi er 1 eetlepel **tuinkruiden** (bv. peterselie, dille, basilicum) en 1 eetlepel geroosterd **sesamzaad** over.

LEKKER BIJ:
Zoete aardappel, wortel, paprika, aubergine, courgette, uien en prei.

Was gemengde groentes naar keuze (400-500 g per persoon), maak ze schoon, schil ze en snijd in plakken of parten. Meng er 3 eetlepels olijfolie door en voeg rozemarijn, knoflook, zout, peper, balsamicoazijn of honing toe. Bak de groente 30-40 minuten in een voorverwarmde oven van 200°C op een bakplaat met bakpapier.

KORIANDERMAYO

Voor 2 personen
Per portie: 285 kcal / 0 g E / 31 g V / 2 g KH

Zorg ervoor dat alle ingrediënten op kamertemperatuur zijn. Pel 1 teentje **knoflook**, snijd het grof en doe het in een hoge mengkom. Voeg 2 eetlepels ongezoete **amandelmelk**, 1 theelepel **dijonmosterd**, 1 theelepel **limoensap** en 1 theelepel **witte balsamicoazijn**, 1 mespuntje **komijnpoeder**, 1 snufje **zout** en 1 snufje **cayennepeper** toe. Zet de staafmixer erin en giet er 60 ml **walnootolie** bij. Meng nu met de staafmixer eerst op de bodem en trek hem dan langzaam omhoog zodat er een stevige emulsie ontstaat. Breng de mayo op smaak met zout, **peper**, limoensap en een beetje **ahornsiroop**. Roer er 2 eetlepels fijngehakt **korianderblad** door. Zet de mayo 15 minuten in de koelkast.

LEKKER BIJ:
Hokkaidopompoen, (zoete) aardappelen, wortels, rode biet, paprika, courgette, uien.

TOMATEN-VIJGENPESTO

Voor 2 personen
Per portie: 345 kcal / 3 g E / 28 g V / 18 g KH

Snijd 50 g **gedroogde tomaten** en 50 g **gedroogde vijgen** klein, verwijder daarbij de steeltjes van de vijgen en doe alles in een schaal. Giet er heet water over en laat het ongeveer 30 minuten weken. Giet het dan af in een zeef en knijp de vruchten een beetje uit. Rooster 2 eetlepels **pijnboompitjes** in een droge koekenpan lichtbruin en haal ze dan uit de pan. Trek de blaadjes van 4-5 takjes **basilicum**. Pel 1 teentje **knoflook** en snijd het grof. Doe alles in de keukenmachine of een hakmolentje en voeg 1 theelepel **kappertjes**, 1 eetlepel **witte balsamicoazijn** en 4 eetlepels **walnootolie** toe. Breng op smaak met **zout** en **peper** en pureer.

LEKKER BIJ:
Wortels, paprika, aubergine, courgette en uien.

AUBERGINES MET WORTELVULLING

Gevulde groente is altijd een succes

VOOR 2 PERSONEN

- 4 eetlepels olijfolie
- 1 teentje knoflook
- 2 aubergines (250 g per stuk)
- 1 rode ui
- 500 g wortels
- 50 g sultanarozijnen
- 2 tl harissa (peperpasta)
- 1 tl komijnpoeder
- 80 ml appelsap
- 2 el witte balsamicoazijn
- 50 g walnoten
- 1 takje munt
- zout | peper

VOORBEREIDING: 25 MINUTEN
+ 30 MINUTEN BAKKEN
PER PORTIE: 535 KCAL / 9 G EIWIT /
37 G VET / 41 G KOOLHYDRATEN

1 Verwarm de oven voor op 200°C. Meng in een kom 2 eetlepels olijfolie en 2 eetlepels water, pel het teentje knoflook en pers het erboven uit. Voeg zout toe aan de knoflookolie.

2 Was de aubergines, maak ze schoon en snijd ze in de lengte doormidden. Snijd het vruchtvlees met een mes meerdere keren diep in, maar niet door en smeer het in met de knoflookolie. Leg de aubergines met het snijvlak naar boven op een bakplaat met bakpapier en bak ze 30 minuten in het midden van de oven. Bestrijk ze intussen af en toe met de knoflookolie.

3 Pel de ui en snijd fijn. Schil de wortels en snijd in dunne plakjes. Verhit de rest van de olie in een koekenpan en bak hierin de wortels en ui aan. Voeg de rozijnen, harissa en komijn toe en bak dit even mee. Blus af met het appelsap en 1 eetlepel azijn, giet er 100 ml water bij, strooi er een beetje zout over en laat het afgedekt op een matig vuur ongeveer 6 minuten koken.

4 Breek de walnoten in grove stukken. Spoel het takje munt af en schud het droog. Trek de blaadjes eraf en hak ze grof. Roer de overgebleven knoflookolie door het wortelmengsel en breng op smaak met zout, peper en de rest van de azijn. Meng de walnoten erdoor.

5 Haal de aubergines uit de oven. Druk het vruchtvlees met twee lepels uit elkaar en schep het wortelmengsel erop. Bestrooi met munt.

Een mand vol vruchten, noten en dergelijke...

PALEODESSERTS

... zoet verzamelaarsgeluk om van te smullen

DE SNELLE 4 VOOR ZOET DESSERTGENOT

BOSVRUCHTEN
-->

Fructose (vruchtensuiker) is bij paleovoeding een omstreden product. Frambozen, bramen, bosbessen en aardbeien bevatten daar in vergelijking met andere fruitsoorten verrassend weinig van. Daarnaast zijn ze rijk aan vitamines en antioxidanten. Frambozen maken chocoladecakejes (blz. 120) af. Diepvriesbosvruchten worden 's morgens razendsnel gemixt in een frambozen-dadel-notensmoothie (blz. 16). Bosbessen bekronen het chia-bessendessert (blz. 112) en gebakken appelringen (blz. 118). Een snelle verrassing is aardbei-kokosijs (blz. 117). Allerlei verse bosvruchten zijn een prachtige aanvulling op geroosterde vruchtenmuesli (blz. 18) en paleopap (blz. 20), maar ook op bladsalades aangemaakt met gember-ananasdressing (blz. 96) en balsamico-cacaodressing (blz. 97).

BOURBON VANILLEPOEDER
<---

Vanillepoeder is een suikervrij aromatisch product voor desserts en ontbijtgerechten. Er is geen uitschrapen van het vanillestokje nodig. Het poeder geeft een uniek aroma dat alle zoete gerechten verfijnt. Het is verkrijgbaar in de supermarkt en in biologische kwaliteit in de reformzaak. Vanillepoeder geeft kokoscrème met passievrucht (blz. 114), bananen-cashewijs (blz. 116), chocoladecakejes met frambozen (blz. 120) en dadel-walnootballetjes (blz. 122) een unieke smaak. Het aromatiseert frambozen-dadel-notensmoothie (blz. 16) en maakt van gember-ananasdressing (blz. 96) iets bijzonders. **Tip:** ook balsamico-cacaodressing (blz. 97) wordt heel verfijnd met een beetje vanille!

CACAOPOEDER

Normale chocolade past niet in een paleovoedingspatroon vanwege de geraffineerde suikers en andere toevoegingen die erin zitten, zoals melkeiwit. Cacaopoeder is dus onze reddende engel als het om chocoladesmaak gaat. De fijngemalen bonen zijn rijk aan antioxidanten, essentiële aminozuren en gezonde vetten. Cacao werkt licht stimulerend, eet er daarom 's avonds niet te veel van. Het is romig, zoet en kruidig in choco-chai-amandelijs (blz. 117), om verliefd op te worden in chocoladecakejes (blz. 120) en een zoete zonde in dadel-walnootballetjes (blz. 122). Maak 's morgens een perfecte start met chocolade-banaan-cashewcrème (blz. 27). Cacao zorgt voor een geniale combinatie in balsamico-cacaodressing (blz. 97) voor bladsalades met een fruitig extraatje.

BANANEN EN BANANENCHIPS

Bananen bevatten relatief veel vruchtensuikers, dus eet ze slechts met mate. Ze bevatten ook waardevolle mineralen en vitamines en leveren veel energie. Eet ze daarom vooral 's morgens of als je plotseling zin krijgt in iets zoets. Gebruik alleen ongezoete bananenchips. Bananen vormen een romige droom als bananen-cashewijs (blz. 116) en maken bij chocoladecakejes met frambozen (blz. 120) het deeg zoet en sappig. Banaan wekt 's morgens als avocado-banaan-muntsmoothie (blz. 16) de levensgeesten. Bananenchips geven ontbijtrepen (blz. 14) en geroosterde vruchtenmuesli (blz. 18) zoetheid, bite en echte power.
Tip: sporters eten graag wat vaker bananen, maar als je met paleo een paar pondjes kwijt wilt raken, kun je beter terughoudend zijn met bananen!

CHIA-BESSENDESSERT

Superheerlijk superfood

VOOR 2 PERSONEN

- 3 el chiazaad
- 200 ml ongezoete amandelmelk
- 1 tl ahornsiroop
- 1 tl limoensap
- 100 g blauwe bosbessen
- 4 muntblaadjes
- 180 g appelmoes (of appel-mangopuree, appel-abrikozenpuree...)

BEREIDINGSTIJD: 10 MINUTEN + 6 UUR WELLEN
PER PORTIE: 180 KCAL / 4 G EIWIT / 7 G VET / 21 G KOOLHYDRATEN

1 Meng in een kom het chiazaad, de amandelmelk, de ahornsiroop en het limoensap. Zet het mengsel ten minste 6 uur in de koelkast en laat het wellen. Roer het intussen af en toe door.

2 Was de bosbessen. Spoel de muntblaadjes af, dep ze droog en snijd ze in dunne reepjes.

3 Schep de gewelde chiapudding in twee glazen en schep er de fruitpuree op. Strooi de bosbessen erop en de muntblaadjes erover.

TIP:
Meng voor een exotisch smaakje in plaats van de amandelmelk 100 ml kokosmelk en 100 ml water en gebruik dit mengsel. Snijd 200 g mangovruchtvlees in stukjes, pureer fijn en schep dit in plaats van de appelmoes op de chiapudding. Strooi de bosbessen erop en strooi er ten slotte nog 1-2 eetlepels kokoschips over.

Kokoscrème met passievrucht

Caribische sfeer voor zoetekauwen

VOOR 2 PERSONEN

- 200 ml kokosmelk
- 2 tl ahornsiroop
- 1 tl limoensap
- ½ tl bourbon vanillepoeder
- 3 eidooiers
- 2 passievruchten (of gele granadilla)
- 2 el sinaasappelsap

BEREIDINGSTIJD: 20 MINUTEN
+ 40 MINUTEN STOLLEN
+ 1 UUR AFKOELEN
PER PORTIE: 255 KCAL / 5 G EIWIT /
19 G VET / 13 G KOOLHYDRATEN

1 Verwarm de oven voor op 150°C. Verwarm in een pan de kokosmelk, de ahornsiroop, het limoensap en de vanille. Haal de pan van het vuur en roer de eidooiers erdoor. Giet het mengsel in twee vuurvaste ovenschaaltjes (elk 150 ml).

2 Zet de schaaltjes in een grote ovenschaal en giet er zoveel heet water bij dat de schaaltjes er voor driekwart in staan. Zet de oven op 120°C. Schuif de ovenschaal midden in de oven en laat de kokoscrème in ongeveer 40 minuten rustig stollen.

3 Haal de schaal uit de oven, haal de schaaltjes uit het water en laat de crème afkoelen. (Zet de potjes daarna eventueel afgedekt in de koelkast.)

4 Snijd de passievruchten doormidden, schraap met een lepel de pitjes eruit en roer die door het sinaasappelsap. Verdeel het vruchtenmengsel over de kokoscrème en serveer.

TIP:
Druppel, als er geen passievruchten zijn, 2-3 eetlepels gele vruchtensmoothie over elk potje crème.

4 x snel paleo-ijs...

BANANEN-CASHEWIJS

Voor 2 personen
Per portie: 410 kcal / 12 g E / 23 g V / 38 g KH

Pel 2 **bananen** en snijd ze in dunne plakjes (200 g vruchtvlees). Leg de plakjes naast elkaar op een vel vershoudfolie. Leg daar een tweede vel overheen, rol de vellen op en leg ze ten minste 2 uur in de vriezer. Doe 100 g **cashewpasta**, 2 theelepels **ahornsiroop** en 2 **eidooiers**, een beetje bourbon **vanillepoeder** en 1 snufje **zout** in de keukenmachine of blender. Voeg de bevroren plakjes banaan toe en pureer alles tot een romig ijs. Serveer direct of zet het eerst nog 10 minuten in de vriezer.

MANGO-AVOCADOIJS

Voor 2 personen
Per portie: 170 kcal / 1 g E / 12 g V / 12 g KH

Snijd 150 g **mangovruchtvlees** en 100 g **avocadovruchtvlees** in stukjes. Leg die naast elkaar op een vel vershoudfolie. Leg daar een tweede vel overheen, rol de vellen op en leg ze ten minste 2 uur in de vriezer. Spoel 2 takjes **citroenmelisse** af, schud ze droog en trek de blaadjes van de takjes. Doe de blaadjes, 2 eetlepels **limoensap** en 2 theelepels **ahornsiroop** in de keukenmachine of blender. Voeg de bevroren stukjes mango en avocado toe en pureer alles tot een romig ijs. Serveer direct of zet het eerst nog 10 minuten in de vriezer.

... waarbij een ijsmachine volstrekt overbodig is en er toch heerlijk romig ijs ontstaat dat de vergelijking met de Italiaanse 'gelateria' glansrijk kan doorstaan en ook nog eens absoluut paleovriendelijk is.

CHOCO-CHAI-AMANDELIJS

Voor 2 personen
Per portie: 350 kcal / 8 g E / 18 g V / 37 g KH

Verwijder de steeltjes van 100 g **gedroogde vijgen**, snijd ze fijn en doe ze in de keukenmachine of blender. Voeg 50 g **amandelpasta**, 100 ml ongezoete **amandelmelk**, 1 eetlepel **cacaopoeder**, 1 **eidooier**, 2 theelepels **citroensap** en 1 theelepel **ahornsiroop** toe en strooi er 2 zakjes **choco-chaithee** over. Pureer alles tot een romig mengsel en schep dat in een plastic diepvriesbakje. Zet dat voor het serveren ten minste 2 uur in de vriezer.

AARDBEI-KOKOSIJS

Voor 2 personen
Per portie: 110 kcal / 2 g E / 3 g V / 17 g KH

Was 300 g **aardbeien**, verwijder de kroontjes en snijd ze in dunne plakjes. Leg die naast elkaar op een vel vershoudfolie. Leg daar een tweede vel overheen, rol de vellen op en leg ze ten minste 2 uur in de vriezer. Doe de bevroren plakjes aardbei in een mengbeker en voeg 200 ml **kokoswater** (naturel), 1 eetlepel **cashew- of amandelpasta**, 2 theelepels **ahornsiroop**, 1 theelepel **limoensap** en ½ theelepel **bourbon vanillepoeder** toe. Pureer alles glad met de staafmixer en serveer het ijs direct.

PALEODESSERTS / 117

Gebakken appelringen

Herfstachtig bosdessert

VOOR 2 PERSONEN

- 1 grote appel
- 50 g blauwe bosbessen
- 30 g walnoten
- 1 tl ghee (of kokosolie)
- 2 tl ahornsiroop
- 1 tl citroensap
- 1 snufje kaneelpoeder
- 1 klein snufje zout

BEREIDINGSTIJD: 20 MINUTEN
PER PORTIE: 185 KCAL / 3 G EIWIT / 12 G VET / 14 G KOOLHYDRATEN

1 Was de appel en verwijder het klokhuis met een appelboor. Snijd de appel dwars in 6 ringen. Was de bosbessen en breek de walnoten in grove stukken.

2 Verhit de ghee in een grote koekenpan en bak hierin de appelringen op een matig vuur in 6-8 minuten goudbruin en draai ze intussen een keer om. Voeg de ahornsiroop, het citroensap, de kaneel en het zout toe en wentel de appelringen daar even doorheen.

3 Verdeel de appelringen over twee borden. Doe de bosbessen en walnoten in de koekenpan en roer tot de bessen lauwwarm zijn. Verdeel het mengsel over de appels.

TIP:
Leg eventueel nog 1 bolletje bananen-cashewijs (blz. 116) naast de gebakken appelringen. Of heb je misschien zin in een fruitig hoofdgerecht? Zoet daarvoor het pannenkoekenbeslag van bladzijde 66 met 1 theelepel ahornsiroop en roer er eventueel nog ½ theelepel bourbon vanillepoeder door. Bak de pannenkoeken en laat die op borden glijden. Leg daar de gebakken appelringen, bosbessen en walnoten op.

CHOCOLADECAKEJES MET FRAMBOZEN

Miniatuurgeluk op een bordje

VOOR 2 PERSONEN

- 1 el ghee + extra voor de vormpjes
- 30 g amandelpoeder + extra voor de vormpjes
- 40 g gedroogde abrikozen
- 1 banaan
- 1 el amandelpasta
- 2 el cacaopoeder
- 1 à 2 tl bourbon vanillepoeder
- 2 tl ahornsiroop
- 1 snufje zout
- 1 tl wijnsteenbakpoeder
- 1 ei
- 60 g frambozen

VOORBEREIDING: 15 MINUTEN
+ 20 MINUTEN BAKKEN
+ 15 MINUTEN AFKOELEN
PER PORTIE: 405 KCAL / 12 G EIWIT / 26 G VET / 29 G KOOLHYDRATEN

1 Verwarm de oven voor op 160°C. Vet 2 bakvormpjes (8 cm Ø) in met ghee en strooi er amandelpoeder in.

2 Snijd de abrikozen in stukjes, pel de banaan en snijd in dunne plakjes. Doe beide in de blender, voeg de amandelpasta, de ghee, het cacaopoeder, de vanille, de ahornsiroop en zout toe en pureer tot een gladde crème.

3 Neem 2 eetlepels van de crème en zet die afgedekt weg. Meng het amandelmeel en het bakpoeder en roer ze met het ei door de rest van de crème. Verdeel het deeg over de twee vormpjes en strijk de bovenkant glad. Bak ze ongeveer 20 minuten midden in de oven.

4 Haal de chocoladecakejes uit de oven en laat ze even rusten. Haal ze dan uit de vormpjes en laat ze op een rooster ongeveer 15 minuten afkoelen tot ze lauwwarm zijn.

5 Bestrijk de bovenkant van de cakejes met de achtergehouden crème. Spoel de frambozen alleen af als dat nodig is en dep ze droog. Leg ze decoratief op de cakejes en smullen maar!

TIP:
De cakejes zijn ook heerlijk met bosbessen, aardbeien of bramen.

DADEL-WALNOOTBALLETJES

Traktatie voor het verhemelte

VOOR 8 BALLETJES

- 30 g amandelen
- 50 g dadels (zonder pit)
- 30 g walnoten
- 1 tl bourbon vanillepoeder
- 1 tl ahornsiroop
- 1 snufje zout
- 2 el cacaopoeder

BEREIDINGSTIJD: 20 MINUTEN
PER STUK: 75 KCAL / 2 G EIWIT / 5 G VET / 5 G KOOLHYDRATEN

1 Houd van de amandelen 8 stuks apart en hak de rest grof. Rooster ze in een droge koekenpan lichtbruin, haal ze dan uit de pan en laat ze afkoelen.

2 Hak de dadels grof en doe ze in de blender. Voeg de walnoten, de gehakte amandelen, de vanille, de ahornsiroop en het zout toe en pureer dit fijn.

3 Verdeel het dadel-walnootmengsel in 8 even grote porties en vorm daar balletjes van. Stop daarbij telkens 1 amandel in het midden.

4 Strooi het cacaopoeder op een schoteltje en rol de balletjes erdoorheen. Serveer de snoepjes direct of zet ze tot gebruik afgedekt in de koelkast.

TIP:
Als je de groene of witte balletjes wilt maken, kun je de helft van de balletjes door fijngehakte pistaches of geraspte kokos rollen in plaats van het cacaopoeder.

REGISTER

A

Aardappelen
   aardappelsalade met zalm 59
   groenterösti met spiegelei 79
   paprika-aardappel-goulash 46
Aardbei-kokosijs 117
Abrikozen: kippenbouten met Marokkaanse zuurkool 84
Amandelen 13
   avocado-banaan-muntsmoothie 16
   dadel-walnootballetjes 122
   geroosterde vruchtenmuesli 18
   ontbijtrepen 14
   paleopap met mango 20
   sperziebonen met paddenstoelen 44
Amandelmelk 13
   appel-selderijsalade met kip 74
   chia-bessendessert 112
   choco-chai-amandelijs 117
   frambozen-dadel-notensmoothie 16
   garnalenroerei met courgette 28
   koriandermayo 105
Amandelpasta 13
   aardbei-kokosijs 117
   aubergine-wortel-kerriespread 26
   choco-chai-amandelijs 117
   frambozen-dadel-notensmoothie 16
Ananas
   ananas-tomatensalade met garnalen 59
   appel-selderijsalade met kip 74
   ei-ananas-mosterdspread 26
   gember-ananasdressing 96
   varkensvleescurry 48
   veldsla-ananas-basilicumsmoothie 17
Appel
   appel-selderijsalade met kip 74
   gebakken appelringen 118
Asperges
   asperges met gerookte zalm 56
   gepocheerd ei op ovenasperges 78
Aubergine
   aubergines met wortelvulling 106
   aubergine-wortel-kerriespread 26
   warme ratatouillesalade 45
Avocado 12
   avocado-banaan-muntsmoothie 16
   avocado-mierikswortelddip 104
   avocadosalade met sesamkip 72
   bataat-paprikapannetje 38
   caprese met avocado en zalm 22
   mango-avocadoijs 116
   tomaten met tonijnvulling 54

B

Balsamicoazijn 71
Balsamico-cacaodressing 97
Bananen 110
   avocado-banaan-muntsmoothie 16
   bananen-cashewijs 116
   chocolade-banaan-cashewcrème 27
   chocoladecakejes met frambozen 120
Bananenchips 110
   geroosterde vruchtenmuesli 18
   ontbijtrepen 14
Basilicum:
   veldsla-ananas-basilicumsmoothie 17
Bataat (zie Zoete aardappelen)
Bladsla met steakreepjes 34
Bloemkool 88
   bloemkoolfalafel 98
   groene taboulé 92
Bosvruchten 109
   chia-bessendessert 112
   chocoladecakejes met frambozen 120
   frambozen-dadel-notensmoothie 16
   gebakken appelringen 118
Bourbon vanillepoeder 109
   aardbei-kokosijs 117
   bananen-cashewijs 116
   chocolade-banaan-cashewcrème 27
   chocoladecakejes met frambozen 120
   dadel-walnootballetjes 122
   frambozen-dadel-notensmoothie 16
   kokoscrème met passievrucht 114
   ontbijtrepen 14
   paleopap met mango 20
Broccoli 88
   broccolisoep met hardgekookt ei 78
   gestoomde vis met saffraan 62
   groene taboulé 92
Burger 38

C

Cacaopoeder 110
   balsamico-cacaodressing 97
   choco-chai-amandelijs 117

chocolade-banaan-
cashewcrème 27
chocoladecakejes met
frambozen 120
dadel-walnootballetjes 122
Caesardressing à la paleo 96
Caprese met avocado en
zalm 22
Cashewnoten 32
chocolade-banaan-
cashewcrème 27
paksoi met
cashewroomsaus 45
varkensvleescurry 48
Cashewpasta 32
aardbei-kokosijs 117
aubergine-wortel-
kerriespread 26
bananen-cashewijs 116
chocolade-banaan-
cashewcrème 27
eieren in mosterdsaus 79
frambozen-dadel-
notensmoothie 16
paksoi met
cashewroomsaus 45
Chai:
choco-chai-amandelijs 117
Champignons (zie
Paddenstoelen)
Chiazaad 12
chia-bessendessert 112
geroosterde
vruchtenmuesli 18
hartig ontbijtbrood 24
paleopap met mango 20
Choco-chai-amandelijs 117
Chocolade-banaan-
cashewcrème 27
Chocoladecakejes met
frambozen 120
Courgette
courgettepastasalade 94
garnalenroerei met
courgette 28
gehaktpizza 40
gevulde kipfilet 82
warme ratatouillesalade 45

D
Dadels
dadel-sesamdressing 97
dadel-walnootballetjes 122
frambozen-dadel-
notensmoothie 16
ontbijtrepen 14
Dille:
pompoen-forel-
dillespread 27
Dipsauzen
avocado-
mieriksworteldip 104
koriandermayo 105
rode biet-sesamdip 104
tomaten-vijgenpesto 105
Dressings
balsamico-cacaodressing 97
caesardressing à la paleo 96
dadel-sesamdressing 97
gember-ananasdressing 96

E
Eieren 70
asperges met gerookte
zalm 56
bloemkoolfalafel 98
broccolisoep met
hardgekookt ei 78
chocoladecakejes met
frambozen 120
ei-ananas-mosterdspread 26
eieren in mosterdsaus 79
frittata met sperziebonen 80
garnalenroerei met
courgette 28
gepocheerd ei op
ovenasperges 78
groenterösti met
spiegelei 79
hartig ontbijtbrood 24
pannenkoeken met gerookte
vis 66

F
Falafel: bloemkoolfalafel 98
Forel
ovenforel 65
pompoen-forel-
dillespread 27
sperziebonensalade met
gerookte forel 58
Frambozen
chocoladecakejes met
frambozen 120
frambozen-dadel-
notensmoothie 16
Frittata met sperziebonen 80

G
Garnalen 53
ananas-tomatensalade met
garnalen 59
garnalenroerei met
courgette 28
rode biet-mangosoep 60
Gehakt 33
bataat-paprikapannetje 38
gehaktpizza 40
kokos-preisoep 39
paleoburger 38
tomaten-salieballetjes 39
Gember
gember-ananasdressing 96
gember-spinaziesoep met
kalkoenreepjes 76
mango-kokos-
gembersmoothie 17
Gepocheerd ei op
ovenasperges 78
Gerookte vis
asperges met gerookte
zalm 56
caprese met avocado en
zalm 22
pannenkoeken met gerookte
vis 66
pompoen-forel-
dillespread 27
sperziebonensalade met
gerookte forel 58
Gevulde kipfilet 82
Ghee 52
Goulash 46
Grapefruit: avocadosalade met
sesamkip 72
Groentecurry 100

Groenterösti met spiegelei 79
Gyros met koolsla 36

H
Hazelnoten
   bloemkoolfalafel 98
   hartig ontbijtbrood 24

I
IJs
   aardbei-kokosijs 117
   bananen-cashewijs 116
   choco-chai-amandelijs 117
   mango-avocadoijs 116

K
Kalkoen (filet, medaillon) 70
   gember-spinaziesoep met kalkoenreepjes 76
Kerriepasta 52
   gestoomde vis met saffraan 62
   rode groentecurry 100
Kerriepoeder 52
   aubergine-wortel-kerriespread 26
   gember-spinaziesoep met kalkoenreepjes 76
   rode biet-mangosoep 60
   varkensvleescurry 48
Kip (filet, medaillon) 70
   appel-selderijsalade met kip 74
   avocadosalade met sesamkip 72
   gevulde kipfilet 82
   kippenbouten met Marokkaanse zuurkool 84
Kokoschips 13
   geroosterde vruchtenmuesli 18
   ontbijtrepen 14
Kokoswater 13
   aardbei-kokosijs 117
Kokosmelk 13
   broccolisoep met hardgekookt ei 78
   gember-spinaziesoep met kalkoenreepjes 76
   gestoomde vis met saffraan 62
   kokoscrème met passievrucht 114
   kokos-preisoep 39
   mango-kokos-gembersmoothie 17
   paleopap met mango 20
   rode biet-mangosoep 60
   rode groentecurry 100
Kokosolie (zie ghee) 13, 52
Komkommer-uiensalsa 44
Koolsla: gyros met koolsla 36
Koriandermayo 105
Koteletten 33, 45
Kruiden: rundersteak met kruidenolie 42
Kruidenghee 64-65
Kruidensalade met gebakken vis 58

M
Mango
   mango-avocadoijs 116
   mango-kokos-gembersmoothie 17
   paleopap met mango 20
   rode biet-mangosoep 60
Mayonaise: koriandermayo 105
Meloencarpaccio 90
Mierikswortel: avocado-mieriksworteldip 104
Mosterd
   ei-ananas-mosterdspread 26
   eieren in mosterdsaus 79
Muesli: geroosterde vruchtenmuesli 18
Munt: avocado-banaan-muntsmoothie 16

O
Olijven
   courgettepastasalade 94
   gevulde kipfilet 82
Ontbijtbrood 24
Ontbijtrepen 14
Ovenforel 65

P
Paddenstoelen 89
   bataatpuree met paddenstoelenpannetje 102
   bladsla met steakreepjes 34
   gember-spinaziesoep met kalkoenreepjes 76
   rode groentecurry 100
   sperziebonen met paddenstoelen 44
Paksoi met cashewroomsaus 45
Paleoburger 38
Paleopap met mango 20
Pannenkoeken met gerookte vis 66
Pap: paleopap met mango 20
Paprika
   bataat-paprikapannetje 38
   groene taboulé 92
   ovenforel 65
   paprika-aardappelgoulash 46
   warme ratatouillesalade 45
Passievrucht: kokoscrème met passievrucht 114
Pesto: tomaten-vijgenpesto 105
Pizza: gehaktpizza 40
Pompoen-forel-dillespread 27
Prei: kokos-preisoep 39

R
Ratatouillesalade, warme 45
Rivierkreeftjes 53
   gestoomde vis met saffraan 62
Rode biet-mangosoep 60
Rode biet-sesamdip 104
Rode groentecurry 100
Rösti: groenterösti met spiegelei 79
Rundvlees
   bladsla met steakreepjes 34
   paprika-aardappelgoulash 46
   rundersteak met

kruidenolie 42

S
Saffraan: gestoomde vis met saffraan 62
Salie: tomaten-salieballetjes 39
Selderij: appel-selderijsalade met kip 74
Sesampasta (tahin) 89
   dadel-sesamdressing 97
   rode biet-sesamdip 104
Sesamzaad 89
   avocadosalade met sesamkip 72
   pannenkoeken met gerookte vis 66
   rode biet-sesamdip 104
   visfilet 'paleolaise' 64
Smoothie
   avocado-banaan-muntsmoothie 16
   frambozen-dadel-notensmoothie 16
   mango-kokos-gembersmoothie 17
   veldsla-ananas-basilicumsmoothie 17
Soep
   broccolisoep met hardgekookt ei 78
   gember-spinaziesoep met kalkoenreepjes 76
   kokos-preisoep 39
   rode biet-mangosoep 60
Sperziebonen (diepvries)
   frittata met sperziebonen 80
   sperziebonen met paddenstoelen 44
   sperziebonensalade met gerookte forel 58
Spinazie (vers en diepvries) 71
   avocadosalade met sesamkip 72
   eieren in mosterdsaus 79
   frittata met sperziebonen 80
   gember-spinaziesoep met kalkoenreepjes 76
   scholfiletrolletjes 65

Spitskool
   bataatpuree met paddenstoelenpannetje 102
   gyros met koolsla 36
Spreads
   aubergine-wortel-kerriespread 26
   chocolade-banaan-cashewcrème 27
   ei-ananas-mosterdspread 26
   pompoen-forel-dillespread 27

T
Taboulé: groene taboulé 92
Tahin (zie sesampasta)
Tomaten
   ananas-tomatensalade met garnalen 59
   caprese met avocado en zalm 22
   tomaten met tonijnvulling 54
Tomaten (gedroogde)
   garnalenroerei met courgette 28
   tomaten-salieballetjes 39
   tomaten-vijgenpesto 105
Tonijn (uit blik): tomaten met tonijnvulling 54

U
Uien
   komkommer-uiensalsa 44
   paprika-aardappelgoulash 46

V
Varkensvlees
   gyros met koolsla 36
   varkensvleescurry 48
Veldsla-ananas-basilicumsmoothie 17
Vijgen (gedroogde)
   choco-chai-amandelijs 117
   tomaten-vijgenpesto 105
Vis (diepvries) 53
   gegrilde zalmcarpaccio 64
   gestoomde vis met saffraan 62
   kruidensalade met gebakken vis 58
   lauwwarme aardappelsalade met zalm 59
   ovenforel 65
   scholfiletrolletjes 65
   visfilet 'paleolaise' 64
Vruchtenmuesli, geroosterd 18

W
Walnoten
   dadel-walnootballetjes 122
   frambozen-dadel-notensmoothie 16
Watermeloen: meloencarpaccio 90
Wortels
   aubergines met wortelvulling 106
   aubergine-wortel-kerriespread 26

Z
Zalm
   asperges met gerookte zalm 56
   caprese met avocado en zalm 22
   gegrilde zalmcarpaccio 64
   lauwwarme aardappelsalade met zalm 59
Zoete aardappelen (bataat) 88
   bataat-paprikapannetje 38
   bataatpuree met paddenstoelenpannetje 102
   rode groentecurry 100
Zuurkool: kippenbouten met Marokkaanse zuurkool 84

VERANTWOORDING

De auteur
Martin Kintrup heeft van zijn passie voor koken, eten en genieten zijn beroep gemaakt. Hij werkt als auteur en redacteur voor verschillende uitgeverijen en heeft al veel kookboeken geschreven.

De fotografe
Coco Lang fotografeert food and stills in haar atelier in München. Ze gaat creatief te werk en maakt altijd indruk met verrassende ideeën en een goed gevoel voor details. Voor dit boek heeft ze samen met foodstylist Sven Dittmann de paleokeuken in het zonnetje gezet.

Alle foto's: Coco Lang

Informatie over ovens
De baktijden van ovens kunnen variëren. De aangegeven temperaturen hebben betrekking op het bakken in een elektrische oven met boven- en onderwarmte en kunnen afwijken bij gas- of heteluchtovens. Lees de gebruiksaanwijzing van uw oven.

Originally published under the title *Paleo für Faule* (Martin Kintrup)
© MMXVI Gräfe und Unzer Verlag GmbH, München, Germany. GU
All rights reserved.
© Zuidnederlandse Uitgeverij N.V., Vluchtenburgstraat 7,
B-2630 Aartselaar, België, MMXVII.
Alle rechten voorbehouden.
Deze uitgave door: Deltas, België-Nederland.
Nederlandse vertaling: Yvonne van 't Hul-Aalders

D-MMXVII-0001-10
NUR 440